이혼해도
안
죽어요

이혼해도 안 죽어요

초판 1쇄 인쇄 2025년 06월 30일
　　　1쇄 발행 2025년 07월 10일

지은이 김정희
총괄기획·대표이사 우세웅

책임편집 김은지
북디자인 김세경

종이 페이퍼프라이스㈜
인쇄 ㈜다온피앤피

펴낸곳 슬로디미디어
출판등록 2017년 6월 13일 제25100-2017-000035호
주소 경기 고양시 덕양구 청초로66, 덕은리버워크 지식산업센터 A동 15층 18호
전화 02)493-7780 **팩스** 0303)3442-7780
홈페이지 slodymedia.modoo.at **전자우편** wsw2525@gmail.com

ISBN 979-11-6785-268-7 (03810)

글 ⓒ 김정희, 2025

※ 이 책은 저작권법에 의하여 보호받는 저작물이므로 무단 전제와 무단 복제를 금합니다.
※ 이 책을 사용할 경우 반드시 저작권자와 슬로디미디어의 서면 동의를 받아야 합니다.
※ 잘못된 책은 구입하신 서점에서 교환해 드립니다.
※ 슬로디미디어는 여러분의 소중한 원고를 기다리고 있습니다.
　wsw2525@gmail.com 메일로 개요와 취지, 연락처를 보내주세요.

당신은 당신이 생각하는 것보다
훨씬 좋은 사람입니다

이혼해도 안 죽어요

김정희 에세이

설렘

Prologue

이혼은
자존감이 바닥을 치는 일이다

　이혼은 자존감이 바닥을 치는 일이다. 나의 사랑이, 나의 결정이 그동안 잘못된 방향으로 나아갔다는 것을 나를 아는 모든 사람에게 시인하는 일이며, 겉으로는 화려해 보였던 나의 결혼 생활도 실상은 전쟁 통이었다는 것을 고백하는 일이다. 한때는 그 사람이 아니면 죽을 것 같았는데 이제는 그 사람만 아니면 살 수 있다는 어이없는 모순을 인정하는 일이기도 하다. 또 그와의 대화, 화해, 조율 모두 실패했다는 것을 가슴 깊숙이 받아들여야 하는 일이다.

　힘든 결정 후에는 주변의 따가운 시선이 기다리고 있다. 사실, 모두 내 편이 되어 줄 줄 알았다. 나의 부모이고, 형제이고 자매였으니까. 그러나 시간이 흐르니 피붙이건 친구건 모두 나를 의심하기 시작했다. 그게 현실이었다.
　'망했구나. 이제 더는 볼일이 없겠구나. 너로부터 얻어낼 수 있는 건 아무것도 없겠구나. 혼자서? 위자료도 없이 이혼했다고? 현실을 정말 모르는구나. 미친 거지'

그렇게 서서히 친형제와 멀어지고, 친구와 멀어지며 오롯이 혼자가 되었다. 어쩌면 마지막 남아 있는 내 자격지심인지도 모르겠다. 그들 가정은 모두 행복한데 나만 불행한 것 같고, 그들에게 이혼을 이야기하는 것도 하루이틀이지, 이혼한 이유를 상세하게 설명하다 보면 그들도 힘겨워하거나 이해하지 못했다. 처음부터 따뜻한 말이나 격려를 기대한 건 아니었다. 그런데 정말로 그동안 얼마나 힘들었냐고 말 한마디 해 주는 사람이 없었다. 모두 나를 강한 사람으로 생각했던 걸지도 모르겠다. 위로 따위는 필요 없는.

위자료를 꽤 받은 넉넉한 이혼녀라면 모를까 빚을 안고 몸만 달랑 나온 나 같은 사람에겐 아무도 남지 않았던 것 같기도 하다. 형제도 처음엔 동정심으로, 가족이었다는 이유로 위로하는 것 같았지만 시간이 지나니 이내 철저하게 계산하고 등을 돌렸다. 아니, 내가 먼저 연락을 끊고 등을 돌렸다. 구질구질해서였다. 예전이나 한 가족이지, 다들 독립해 각자의 가정이 있는데 어떤 식으로든 짐이 되기 싫었다. 서로 각자의 삶이라고 생각했다.

일정한 거리를 유지하던 가족에게 비참했던 내 결혼 생활을 모두 알린다는 것은, 나의 정당성을 이해받으려는 시도보다 더 비참한 일이다. 기껏 용기 내어 이야기해 봤자 쉽게들 내 결혼 생활이 틀렸다고 말했다. "그때 네가 이런 건 잘못한 것 같다"라는 어쭙잖은 충고를 하고, "조금 더 참지 그랬냐"라며 핀잔

했다. "이제 와서 이혼해 네가 뭘 할 건데?"라는 말을 가장 많이 들었던 것 같다.

참는다고 해결되지 않는 상황을 그들은 절대 이해할 수 없다. 나는 그들의 행복한 가정에서 돌연변이 혹은 외톨이처럼 여겨지며 유별나다는 소리를 들었다. 그들의 가정은 평온했고, 남편이나 아내는 상대방의 의견에 따랐고, 아웅다웅하더라도 최소한 가정에는 성실했다.

무리 없는 결혼 생활을 하는 이들에게 나의 결혼 생활은 이해할 수 없는 이상한 나라의 이야기다. 왜 그 지경까지 방관했느냐고, 도대체 그 지경이 될 때까지 무엇을 했느냐고… 어이없는 질타가 시작된다. 그들만큼 참지 못해서, 노력하지 않아서 이혼한 게 아님에도 불구하고, 제일 믿고 의지하던 가족에게서 비난의 화살을 맞는다.

상처. 이루 말할 수 없이 깊고, 예리하고, 아프다. 아이를 누가 양육할 것인지 고민하던 순간에는 내가 무슨 짓을 저지르고 있는 건지 싶을 정도의 심한 자괴감이 밀려왔다. 몇 날 며칠을 불면으로 지새우며 나의 한계에 다다를 때마다 고통스러웠다. 내 목숨 줄 같은 아이에게 이런 트라우마를 안긴다는 것에 대한 죄책감은 결정을 주저하게 했다. 또 잘잘못을 떠나 이런 가정이 되리라고는 상상도 하지 못한 일이었기에 결정이 쉽지 않았다.

이혼한 사람을 두고 아이에게 소홀한 사람, 이기적인 사람이라고 하는 것은 잘못된 일이다. 나도 내 삶을 다 소진하더라도 아이에게만큼은 상처 주고 싶지 않았다. 견디기 힘들고 참기 힘들어도 이를 악물고 버텼다. 그러나 상대방은 나의 이런 연약한 부분을 잘 알고 있고, 그 부분을 칼로 베듯이 날카롭게 찔렀다. '네가 뛰어봐야 벼룩 아니겠어?' 혹은 '넌 그 정도밖에 안 된다는 걸 내가 알아!' 혹은 '그래서 뭘 어쩔 건데?'라는 식으로.

    삶의 끈을 놓아 버리는 사람이 한순간의 감정이나 경박함으로 결정한 게 아니듯이, 이혼하는 사람도 그렇다. 목숨 걸고 지키고 싶은 아이의 삶, 소중한 내 가정, 치열한 내 삶을 이혼의 소용돌이 속에 집어넣고 싶은 사람은 아무도 없다. 지킬 수 없었을 뿐.
    이기적이어서 이혼하는 게 아니라 이혼밖에 답이 없어서 이혼하는 것이다. 그렇게 하지 않으면 극한에 다다라 생을 놓을 것 같을 때, 그 최후의 순간에 이혼을 선택하는 것이다.

    이혼의 다른 한 면은 이혼을 요구하는 사람도 있지만, 이혼을 당하는 사람도 있다는 것이다. 혼자만의 결정이 아니기에 그렇다. 그래서 어떤 이혼은 아주 억울하다. 예를 들어, 아내가 외도 후 "이젠 당신을 사랑하지 않아" 하고 집을 나갔다. 그러고는 이혼해 주지 않은 채 참고 견디는 남편을 비웃고 멸시하며, 한계에 다다를 때까지 괴롭힌다. 당신의 모든 면이 마음에 들지 않았으며, 당신 같은 사람을 만나서 내 인생이 망했다고 이야기한다. 그러고는 당당하게 이혼을 요구한다. 아주 억울한 사례지만, 실제로 있는 사례다.

그래서 이혼은 요구하든 당하든, 하게 된다면 내 의지와는 상관없는 필연인 일인 것 같다. 그리고 인생 최대의 시련이 시작된다.

남편의 외도, 언어적 육체적 폭력, 경제적 파산. 혹은 아내의 외도와 가출, 내가 친부가 아니라는 DNA 검사 결과. 이런 사실을 알고도 결혼 생활을 유지할 수는 없다. 상상할 수 없을 만큼 기막힌 일들이 생각보다 많이 일어나고 있다는 사실에 주목한다. 어디 먼 나라 이야기가 아니라, 내 이야기이기도 하고 내 주변의 이야기이기도 하다. 한 인간으로 태어나 온 가족의 사랑을 듬뿍 받으면서 자라고, 무리 없이 공부해 대학에 들어가고, 취직해 열심히 일하며 살아가는 평범한 삶. 무엇보다 인간은 평등하다고 배우며 살아온 삶. 그러나 살다 보면 나에 대한 존중은 어디에도 없고, 열심히 살면 살수록 이용당하는 걸 알아차리기도 하는 거다. 그런 아픈 현실을 견디고 나면 피폐해진 영혼만 남고 그 어떤 보상도 주어지지 않는다. 그때 그만 이 관계를 놓아 버리고 싶어진다.

이혼은 살기 위해 하는 것이다. 그것은 결코 죄가 아니다. 이혼하는 것 자체가 나쁜 일이 될 수는 없다. 나는 최후의 방법이 이혼이라면 더 늦기 전에 결정을 내리라고 말하고 싶다. 한번 죽음의 문턱을 넘어 본 사람으로서 용기 내어 글을 쓴다. 이혼으로 너무나 힘겨워하는 친구, 그 문제로 죽을 것 같이 고통스러운데도 이혼하지 못하고 불행한 결혼 생활을 지속하는, 생각보다 많은 사람을 위해 이 글을 썼다.

　이혼해도 괜찮다. 이혼하고 나면, 적어도 죽고 싶지는 않다. 고통스러운 결혼 생활을 지속하는 중이라면, 당신의 마음부터 들여다보라고 말하고 싶다. 내가 살아 있어야 다음이 있는 것이니까.

　이혼 후 어수선하고 고통스러웠던 5년의 세월이 지났다. 나는 이제야 정상적인 사람처럼, 평범하게 살게 되었다. 무엇보다 내가 무엇을 하는 사람인지, 어떻게 살아야 할지 알게 됐다. 불면의 나날을 보내고, 고통으로 정신과를 찾던 나는 이제 잘 먹고 잘 사는 사람이 되었다.

　이혼해도 죽지 않는다고 말하고 싶다. 오히려 새로운 인생이 당신을 기다리고 있다고 말하고 싶다. 결혼에 실패했다고 해서 삶이 끝난 것이 아니라, 지금보다 더 나은 새로운 인생이 기다리고 있다고 말하고 싶다. 어둡고 긴, 끝이 보이지 않는 터널을 손전등 하나 없이 더듬거리며 앞으로만 나아갔다. 두렵고 무서웠던 시절. 희망도 없고, 절망도 할 수 없었던 시절이었다.

　지금 당신도 그 터널 속에서 어디로 가야 할지 두렵고 떨린다면, 그 터널을 먼저 빠져나온 사람으로 이야기를 들려드리고 싶다. 당신이 조금이라도 그 상처에서 훨씬 더 빠르게 벗어날 수만 있다면 정말 좋을 것 같다. 당신에게 많은 이야기를 들려드릴 수 있을 것 같다.

힘내시라고. 이혼은 생각보다 괜찮다고, 다 지나간다고 말하고 싶다.

"이혼해도 괜찮아요. 이혼해도 이전보다 더 잘 살 수 있어요"

김정희

목차

Prologue 이혼은 자존감이 바닥을 치는 일이다 005

PART 1
이혼은 불가항력이다

① 이혼은 죽을 만큼 힘들다

　└ 누구나 함부로 이혼하지 않는다 019
　└ 80세에도 이혼을 하는 당당함 024
　└ 육아로 시작되는 부부간의 단절 026
　└ 경제공동체의 함정 029
　└ 불륜이라는 항목 032
　└ 워커홀릭의 이면 035
　└ 동등하지 않은 관계 037
　└ 그럼에도 불구하고 사랑이 필요했다 040

② 고민과 갈등의 시간은 충분히

　└ 이혼이라는 고민, 이혼은 현실이다 042
　└ 아이에게 가장 좋은 부모는 원부모이다 045
　└ 이혼녀, 이혼남이라는 시선을 견뎌야 한다 049
　└ 다만 나에게 그런 축복은 없었고, 나는 선택을 해야만 했다 051

③ 이혼, 빠를수록 좋다

　└ 가능성이 없다면 빨리 이혼하는 게 낫다 055
　└ 고통을 인내하는 것이 최선은 아니다 057

┗ 주변의 시선이나 관계 회복을 두려워하지 말라 060
┗ 이해받으려 하지 말고, 본인 스스로를 이해해라 063
┗ 이혼에 있어서는 모두가 타인이다 066
┗ 현실적인 대안이 없을 때는 늦추는 것도 답이다 069
┗ 나는 언제까지 젊지 않다 072
┗ 자식은 방패막이가 될 수 없다 074
┗ 관계 회복이 가능한 때가 있고 가능하지 않을 때가 있다 077
┗ 이혼소송! 법의 도움을 얻는 방법 079

④ 이혼이 자랑이냐는 비아냥의 시선에 관해

┗ 이혼이 자랑이냐? 085
┗ 이혼은 자랑이다 087
┗ 삶은 비교우위가 아니다 089
┗ 이혼이 이기적이라는 당신 생각에 091
┗ 이혼으로 인해 포기해야 하는 것들 094
┗ 사랑했지만 사랑했던 그 사람은 어디에도 없다 095
┗ 이혼했다는 이유만으로 098

PART 2
이혼 이후의 삶

① 이혼, 생각보다 괜찮다

┗ 고통으로부터의 해방 105
┗ 가사로부터의 해방 107

┗ 지금까지 내 밥벌이는 내가 했다　110
┗ 사랑이 시작된다　113
┗ 이혼한 거 축하해　116

② 이혼 이후의 대처 방법

┗ 가족에게는 최대한 늦게 알려라　119
┗ 새로운 생활에 빨리 적응하라　123
┗ 일상의 새로운 루틴을 만들어라　127
┗ 새로운 사람들을 만나라　130
┗ 주변에 이혼했다고 알려라　133
┗ 아이에게도 시간은 필요하다　136
┗ 재정을 재정비하라　138
┗ 인생 버킷리스트를 세워라　141

③ 피투성이인 나를 다시 껴안아라

┗ 혼자서 버티려고 하지 마라, 제일 상처받은 사람은 나다　145
┗ 공감하는 친구들로 주변을 채워라　151
┗ 아무래도 괜찮다　154

④ 상처에 익숙해지기

┗ 트라우마 없는 삶은 없다　159
┗ 버릴 것과 간직할 것　163
┗ 나를 죽이지 못하는 고통은 나를 성장시킨다　167

PART 3
다시, 사랑해야 한다

① 새로운 사랑에 관한 10가지 조언

└ 세상은 넓고, 싱글은 많다   173
└ 상대에 대한 기대치를 낮추지 마라   175
└ 많이 만나보고 선택하라   177
└ 누구든 사랑할 수 있지만, 함부로 사랑할 수는 없다   179
└ 아닌 사람에게는 단호해져라   182
└ 결혼을 전제로 만나지 마라   184
└ 그 사람의 아픔에 공감할 수 있을 때 만나라   185
└ 후회 없는 사랑을 해라   188
└ 실수를 반복하지 말자   191
└ 이 모든 순간이 기적이다   192

② 누구도 미래는 알 수 없다

└ 불안에 사로잡히지 마라   197
└ 행복한 현재를 즐겨라   199
└ 사람이 사람을 구할 수 있다   203

Epilogue 때때로 삶이 천국과 지옥을 오갈지라도   205

PART 1

이혼은 불가항력이다

을 만큼 힘들다

누구나 함~
이혼하지 않는다

있었다. 20대였고, 그의
~던, 사랑이 모든 것을
~대의 타이밍이 아니었~
~무모하게 도전~

이혼을 결심했으나 여건상~
것을 알고 있다. 지금 이혼 중이~
하게 무너져 비참해진 자신을~
~고 있는 사람이 많다~

① 이혼은 죽을 만큼 힘들다

**누구나 함부로
이혼하지 않는다**

사랑이 세상의 전부라고 믿던 시절이 있었다. 20대였고, 그의 배경이나 직업 어느 것 하나 중요하지 않던, 사랑이 모든 것을 구원하리라 믿던 순수한 시절이었다. '그때의 타이밍이 아니었다면 결혼을 했을까?' 하는 의문이 생길 만큼 무모하게 도전적이었고, 그 사람이 전부인 시절이었다.

엄마를 포함한 가족 모두가 반대했었다. 눈에 콩깍지가 씐 거라고들 했지만, 나는 분명 이성적이었고 내 사랑에 확신이 있었다. 인생에서 가장 중요한 일을 함부로 결정하는 사람이 어디 있을까? 사랑에 대한 확신으로 반대하는 결혼을 기어코 밀어붙였다. 그리고 세월이 흘렀다. 결혼한 지 만 20년. 한두 해도 아니고 결혼 생활 20년이면 상대방에 대해, 서로의 관계에 대해 너무나 잘 안다. 서로가 노력할 만큼 노력해 보았고, 참을 만큼 참았다. 가정을 지키기 위해, 그리고 아이의 진로와 앞날을 위해. 하지만 더는 서로를 신뢰하지 않고, 이 상황을 견딜 수 없다고 판단되면 이혼은 자연스러운 수순 같다. 이혼에는 셀 수 없는 만큼의 이유가 있고, 그 이유를 하나하나 열거할 수는 없다. 그러나 궁극적으로는 '더는 사랑하지 않기' 때문이다.

20년이나 함께 산 데다 다 늦은 나이에 무슨 사랑 타령이냐고 면박을 주는 사람도 있을지 모르겠다. 사랑이 무슨 밥 먹여 주냐고 말이다. 그러나 사랑은 밥을 먹여 주지는 않지만, 사람답게 살 수 있게는 한다. 사랑이 없으면 인내도 노력도 할 수 없다. 힘들고 고통스러운 결혼 생활도 사랑이 있으면 극복할 수 있지만, 사랑이 없으면 유지할 수 없다.

이혼을 결심한 것은 좀 오래됐었다. 10년 전이었다. 이후 10년. 남들 은퇴할 나이에 직업도 가진 것도 없이 빚을 지고 이혼했다. 더는 버틸 수 없었다. 돌이켜보면 20년간의 결혼 생활에는 희로애락이 오가는 애틋한 감정이 있었고, 비교적 나쁘지 않았다. 한때는 모든 게 잘 진행되었고 이렇게 행복해도 되는 것일까 싶기도 했다. 남편과 시작한 사업은 무리 없이 잘 되어 가고 있었고, 대학원 졸업 후에는 대학에서 강사로 있으며 하고 싶은 일을 하나씩 이루기도 했다. 무엇보다 나에게서 가장 소중한 아들도 말썽 없이 잘 자라주었다.

부러운 게 없었다. 남들보다 빠른 성공, 불어난 재산, 아이라는 존재가 주는 기쁨. 결혼이 아니면 어떻게 그런 희열과 행복을 맛볼 수 있었겠는가? 싱글로 살았다면 결코 느낄 수 없는 감정과 행복을 가져다준 것이 분명 결혼이었으니 결혼 자체를 후회하지는 않는다. 다만, 서서히 천천히 그와 나 사이에 균열이 생겼고, 시간이 흐를수록 그 균열을 막을 수가 없었다. 투자 실패라는 현실적인 문제, 남편과의 의견 대립과 이해충돌. 전혀 이해하려고도 이해받지도 못하는 상태가 지속되자 싸움은 한때 지나가는 싸움이 아니라, 지루하게 이어지는 싸움으로 변해갔다. 그리고 그 시간을 버티면서 사는 나를 발견했다. 다 성장한 아이를 떠나보내고 빈집에 그와 둘이 있다는 상상만으로도 숨이 막혀왔다.

그러는 동안 아이가 말귀를 알아들을 정도로 성장했다. '이만하면 됐다'라는 생각이 들었다. 사랑하지 않으면서, 서로를 신뢰하지 않으면서 남은 생을 마주한다는 것은 끔찍한 일이었다.

이혼을 결심했으나 여건상 실행하지 못하는 사람이 많다는 것을 알고 있다. 지금 이혼 중이거나, 이혼했거나, 이혼 후 처절하게 무너져 비참해진 자신을 다시 세우기 위해 힘겨운 시간을 보내고 있는 사람이 많다는 것도 알고 있다. 이혼에 관한 한 그 누구도 당신에게 조언할 수 없음을 잘 알고 있다. 그러나 그 터널을 먼저 지나온 사람으로서 지금 당신의 결정은 옳으며, 지금의 당신을 소중히 여기라고 말하고 싶다. 이혼은 인생의 끝이 아니고, 가까운 이에게 말하지 못할 창피한 일이 아니며, 당신은 함부로 이혼한 게 아니다. 그러므로 가능하면 친구들과 가족에게 응원과 지지를 받으라고 말하고 싶다. 그리고 이혼을 하고 보니, 죽을 만큼 힘들어도 살아진다는 이야기를 덧붙이고 싶다. 이혼은 인생에 큰 장애도, 그 무엇도 아니다.

요즘에는 결혼한 지 1년 이내에 이혼하는 사람이 많다고 한다. 내가 이혼을 결심하고 10년이라는 시간을 두고 이혼한 것을 상기하면 요즘 사람들이 현명하다는 생각이 든다. 나도 '조금 더 일찍 결정했다면 어땠을까?' 하는 생각을 안 해 본 것은 아니다. 어차피 상황이 나아지지 않는다면 그 상황을 빨리 종료하는 것도 현명한 방법이다.

나는 소위 말하는 X세대이다. '서태지 세대'라고도 불리는 세대이자, 완전히 꼰대도 아니면서 완전히 개방적인 사고를 갖춘 것도 아닌 세대, 노 재팬에는 동의하나 〈슬램덩크〉의 열혈 팬인 세대이다. 그리고 우리나라 최초의 아이돌 팬덤 문화를 창출한 세대이자 기성세대보다 개성 있는 삶을 추구하는 세대이기도 하다. 그럼에도 불구하고 20대 후반이 되면 서른이 넘기 전에 결혼해야 한다고 생각해 너도나도 짝을 찾아 결혼했다. 암묵적으로 '당연히 서른 전에는 결혼해야 한다'라고 생각했던 세대랄까? 아이를 낳지 않는 딩크족과 같은 개념도 없었다. 결혼하면 당연히 아이를 낳아야 했다. 그러나 나는 아이를 낳는 것에 대해서는 고민을 많이 했던 것 같다. 결혼하고 5년 뒤에나 임신했으니, 남들이 당연시하는 일과 내가 하고 싶은 일 사이에 고민이 많았다는 건 사실이다. 여성의 사회 진출도 당연하던 때였다. 전업주부가 영 없지는 않았지만, 집에서 육아와 집안일만 하면 암

묵적인 눈총을 받았다. 한마디로 모순적인 세대였다. 진보적인 성향이지만 제도적으로는 불합리한 선택을 하고, 혼란한 감정을 잘 드러내지 않은 채 제도권 내에서 안정적으로 여겨지는 것에 맞추기 위해 노력했다.

지금은 2025년. 30여 년이 흘렀다. 사람마다 추구하는 가치가 다르고, 그 가치가 모두 존중받는 시대다. 유리천장을 뚫은 여성이 대기업 임원이 되고, 전업주부가 가사 노동과 육아 노동의 가치를 인정받기 시작했다. 인권과 성평등 문제에서 예전과는 비교할 수 없을 정도로 여성의 지위가 향상됐다. 그러면서 여성의 경제력도 높아졌다. 여성의 경제력이 높아졌다는 건 이제 여성이 누구에게 의지하지 않고도 살 수 있다는 방증이기도 하다.

그러나 시대가 달라져도 여전히 '이혼'만은 쉽게 받아들여지지 않는 것 같다. 말로는 이혼이 무슨 대수냐고 하면서도 이혼에 대한 보편적인 정서는 여전히 부정적이다.

결혼이 따져보고, 맞춰보고, 확인에 확인을 거듭해 결정하는 인생 최대의 결정이듯이, 이혼도 많은 것을 숙고해 내리는 결정이다. 그리고 큰 아픔을 감내하고 내리는 결정인 만큼 하늘이 무너져내리는 고통이 따르고, 감당할 수 없는 상처가 남기도 한다. 즉, 이혼은 결혼보다 더 어려운 결정이다. 두 사람만의 문제가 아니기에 더 어렵다.

80세에도 이혼을 하는 당당함

　80세 배우자에게 황혼이혼 소송을 한 할머니가 있다. 판사는 이제 살날도 얼마 남지 않았으니 서로 이해하고 타협하여 남은 생을 보내시라 설득했지만, 할머니는 물러서지 않았다. 살날이 얼마 남지 않았으니, 지금이라도 내 마음대로 살고 싶다며 기어코 이혼했다. 이해한다. 하루라도 행복하게 살고 싶은 마음을. 남은 생 하루하루가 그간 살아온 생보다 소중한 것이다.

　황혼이혼은 60~80대 모든 노년층에서 증가하고 있다. 세상이 말세라서가 아니다. 이제 더는 대등하지 않은 결혼 생활을 지속하지 않겠다는, 존중받고 싶다는 개인 표현일 뿐이다. 결혼이 내 결정이었다면 이혼 또한 내 결정이다. 세상은 오히려 평등해지고 있다. 사람들은 더 이상 참지 않고 자신의 삶을 선택한다.
　그렇다면 이 고통스러운 '이혼'을 기어이 해내는 사람들의 마음은 어떤 것일까? 아마 사랑이 사라진 자리에 남은 책임과 역할, 그조차 헌신이라는 이름으로 강요된 폭력에서 벗어나고자 하는 강한 의지일 것이다. 가부장적인 남편에 의해 억눌린 세월, 외도, 노동과 희생 등을 인정받지 못한 것에서 재산권과 진정한 나를 되찾고자 하는 그 의지가 이 쉽지 않은 이혼을 결심하게 한다. 반면, 그간 아내의 헌신을 당연하게 여겨왔던 남편들은 아내와 자식들이 자신을 무시하기 시작했다고, 은퇴하니 집에서조차 대접해주지 않아 외롭다고 말하며 여전히 가장으로서 존중받길 바란다고 말한다. 하지만 결혼 생활이란, 서로 동등한 위치여야 유지되는 것이다. 한쪽이 참고 희생하는 관계는 언젠간 무너지게 되어 있다.

또 결혼하면 새로운 가족이 생긴다. 배우자의 부모 형제도 내 가족이 되는 것이다. 그러나 이 가족은 두 사람이 서로 사랑하고 신뢰할 때만 유지된다. 사랑할 땐 '내가 사랑하는 사람의 가족이니까' 하며 책임과 역할을 다하지만, 사랑하지 않을 땐 해야 할 이유가 없는 것이다. 그리고 이혼하면 알게 된다. 그들은 애초에 내 가족이 아니었음을. 20년 넘게 함께해도 시부모는 아들 편으로 돌아서고, 사위라며 백년손님처럼 대하던 처부모도 어떤 식으로든 내 자식의 행동을 합리화한다. "난 널 딸처럼 여겼다"; "난 널 아들로 생각했다"라는 흔한 말들이 결국, 너는 내 딸이, 내 아들이 아니라는 말 아닌가.

친자식들도 잘 챙기지 않는 시부모나 처부모에게 마음을 쓰고, 수많은 생일, 명절, 모임, 행사에 참여하며 느껴지는 '편안하지 않음'을 묵묵히 감내하는 일, 또는 손주를 바라고 직장 일에 참견하는 압박을 버티는 건 모두 가족이라고 생각하기 때문이다. '가족이니까'라는 이유 하나로 버티는 것이다. 이해는 한다. 가끔 만나는 사람들끼리 딱히 할 말이 없다는 것을 안다. 그러나 결국 이혼하는 이유, 수십 년에 걸쳐 쌓아온 인간관계를 황혼이혼이라는 방법으로 거부하는 이유는 단 하나. 더는 상대를 신뢰하지 않고, 보고 싶지 않기 때문이다. 그리고 그와 그녀를 둘러

싼 모든 관계로부터 이제는 벗어나고 싶기 때문이다. 차라리 혼자가 더 편하고 행복할 것 같기 때문이다. 황혼이혼은 삶의 마지막을 억울하게, 불행하게, 그리고 누군가의 그림자 아래에서 마치고 싶지 않다는 절박한 외침이다. 누구는 말한다. '그 나이에 무슨 이혼이냐'고. 하지만 이제는 '그 나이에도'가 아니라 '이 나이니까' 이혼하는 것으로 고쳐 쓴다.

육아로 시작되는 부부간의 단절

아이는 축복으로 오며, 육아는 사랑의 결실이자 새로이 시작되는 전쟁이다. 즉, 육아는 축복에 대한 대가인 것이다.

특히 맞벌이 부부에게 육아는 이제까지 한 번도 겪어 보지 못한 내 인생 총량의 열정을 쏟아붓는 일이 된다(그것도 조금 편해지려면 10년은 지나야 한다). 나만 돌보면 되는 단순한 삶에서 한순간에 한 생명을 안고, 매고, 먹이고, 입히고, 씻기고, 재우는 삶으로 전환되며, 나의 인내심을 테스트받기까지 한다. 게다가 아침마다 아이를 어린이집에 맡기고 회사에 가서 일도 해야 하니 쉽지가 않다. 이렇게 보면 한 생명 낳아 부모라는 이름으로 자신을 돌보는 것은 기적에 가까운 일 같다. 지금 돌이켜봐도 그 시절에는 내가 없었다.

그리고 아이를 낳으면 생각지 못한 수많은 문제가 불거지고,

그 문제는 육아와 함께 서서히 증폭된다. 아이가 예쁘지 않다는 이야기가 아니다. 아이는 모든 문제와 갈등, 불합리한 점을 이겨내게 할 만큼 예쁘며 나를 희생해도 좋을 만큼 사랑스럽다. 하루하루 잘 자라는 아이를 보면 뿌듯하고, 아픈 아이를 보면 온 마음이 아프다. 다만, 그것을 지켜내고 가꿔 가는 건 오롯이 두 사람의 몫이며, 그 과정이 만만치 않다는 것을 이야기하고 싶을 뿐이다. 나도 아이가 한번 웃어주고 귀여운 짓을 할 때마다, 아이 낳은 것을 세상에 태어나 가장 잘한 일로 여겼다. 그것은 지금도 변함이 없다. 내가 하나의 우주를 탄생하게 한 경험은 그 어떤 경험보다 존귀하게 느껴진다. 게다가 육아를 하다 보면 부부간 협조로 끈끈한 가족애라는 개념이 생기게 된다. 셋이 아니라 넷이 되는 기적이 생기기도 한다.

그러나 그에 따르는 희생은 만만치 않다. 희생은 귀한 것을 얻으려면 마땅히 치러야 하는 것으로 느껴진다. 특히 육아로 인해 한 사람이 직업을 포기해야 하는 일은 흔하며, 이 경우 직업을 포기하는 쪽은 대부분 아내다. 또 맞벌이를 유지할 거라면 어린이집이나 육아도우미를 찾아야 하는데 이것도 쉽지 않다. 시댁이나 친정에 맡기는 것도 정답은 아니다. 요즘 조부모님들은 선뜻 아이를 맡으려 하지 않는다. 이제야 자식들 키우고 자유로워졌는데 다시 육아라니. 육아는 지금까지 자식을 길러 온 조부모님의 노년을 힘겹게 한다. 그리고 아이를 맡기는 일은 일정 부분 감정적으로나 재정적으로나 채무가 발생하는 일이다. 가족 간에도 공짜는 없다. 아이는 어느새 가장 큰 지출 항목이 되고, 신세를 진 만큼 아이 교육이나 사생활에 간섭을 받게 된다.

이런 전쟁 같은 육아는 부부간의 관계를 소원하게 만든다. 물론, 서로의 노고를 알아주며 더욱 돈독해지는 부부가 왜 없겠는가? 그러나 대부분은 시간적 제약과 체력적 한계로 이전처럼 깊이 있는 관계, 발전적인 관계를 형성해 나가는 것에 어려움을 겪는다. 이전에는 술 한잔하며 회사에서 있었던 일을 함께 이야기할 시간이 있었다면, 이 시기에는 그럴 시간이 절대적으로 부족해진다. 모유 수유를 하는 여성의 경우 술 한 모금, 커피 한 잔 편하게 할 수 없기도 하다. 또한, 이 시기는 경제적인 부를 가장 활발하게 창출해야 하는 때다. 여유보다는 일이 우선이고, 당장 해결해야 할 일은 육아가 된다. 그렇게 부부는 자연스럽게 멀어지고 만다.

부부 관계에서도 애정 표현과 스킨십을 하지 않다 보면 서로가 덤덤해지는 시간이 오기 마련이다. 행복하지만 애절한 마음이 사라지는 것이다. 그리고 이것은 섹스리스로 이어지기도 한다. 이전의 애절한 사이로 되돌리려면 생각보다 많은 시간과 노력이 필요한 게 부부 관계다. 지칠 대로 지친 상태에서 더 노력해야 하는 부분이고, 한쪽의 노력이 아닌 함께 노력해야 하는 부분이다. 노년에 그 시절 배우자의 노력에 고마워하는 부부가 적지 않다.

경제공동체의
함정

　결혼할 때부터 모든 부를 축적한 부부는 그다지 많지 않다. 일부 부유층을 빼고는 부족하게 시작하는 것이 대부분이다. 부부가 경제공동체로 묶이는 일은 생활비를 함께 쓰기도 하지만, 함께 공동 경비를 쓰고, 저축하고, 집을 마련하면서 대출을 받고, 투자도 하기 때문이다. 서서히 혹은 부지불식간에 경제공동체로 묶인다. 재정을 정확하게 반반 나눈다는 것은 불가능에 가깝다.

　유럽이나 일부 북미 국가에서는 혼전 계약서를 쓰고 결혼한다지만, 우리나라는 아니다. 보수적인 편이라 계약서를 쓰고 결혼하는 것을 일부 부유층이나 연예인이 하는 것으로 바라보기도 하며, 사실 계약서를 쓸 만큼 부유하지 않기도 하다. 또 혼전 계약서를 쓰자고 하면 "헤어지자"라는 말로 귀결되기도 한다. 대부분의 계약 조항이 자산 또는 금전에 관한 항목이기 때문일 것이다.

　그래도 요즘에는 꽤 많은 부부가 철저하게 재산을 분리해 각자 통장을 관리한다고 한다. 조금 야박하게 들릴지 몰라도 어떤 면에서는 아주 현명한 방법이라고 생각한다. 경제적 독립이 나쁜 것이 아니기도 하고, 만에 하나 이혼한다고 하면 돈 문제에 관련해서는 복잡하지 않기 때문이다.

애석하게도 나는 옛날 사람이기도 하고, 돈과 관련해서는 철저하지 못했다. 건물이 남편 명의이든 내 명의이든 상관이 없다고 생각했고, 가장인 남편이 잘되어야 가족 모두가 평안하다고 생각했다. 그러다 보니 결과적으로 이혼 후 나에게는 원치 않는 빚과 보증만이 남게 되었다.

의외로 많은 사람이 집을 살 때 내 이름으로 덜컥 대출을 받는다. 배우자가 사업하는데 돈이 모자라면 내 이름으로 신용대출을 받고, 직원들 줄 돈이 모자라면 내 지인을 통해 돈을 융통한다. 모두 배우자가 잘되어야 내 가정도 평안하리라는 생각, 모두 잘되리라는 생각 때문이다.

그러나 돈 문제는 복잡한 감정을 일으키게 되어 있다. 돈 문제는 두 사람 사이의 신뢰 문제에 독이 된다. "내 말 안 듣고 부득부득 우기더니 기어코 손해를 보고 마는구나!", "했던 소리 또 하고 했던 소리 또 하고 지겨워 죽겠다!", "네 탓이지 내 탓이니?" 같은 상대를 탓하는 말들로 서로에게 상처를 주기도 한다.

나는 이혼 후 내 몫으로 고스란히 남은 빚을 3년째 갚고 있고, 사업상 주주 관계를 정리해 주지 않아 꽤 많은 세금을 할당받았다. 상대가 갚아줄 의사가 없고, 갚을 능력도 없으면 고스란히 내가 감내해야 하는 돈이었다. 신용불량자가 될 수는 없으니 끝까지 갚아야 했다. 억울했다. 결혼은 잘 살고 행복해지기 위해 한 것이었지 신용불량자가 되려고 한 게 아니었다. 물론 누구나 잘 살고자 애쓸 것이다. 상대를 힘겹게 하려고 돈 문제를 일으키는 것은 아닐 것이다. 내 아이의 엄마니까, 내 아이의 아빠니까 하며 이해하기도 한다. 그러나 돈 문제는 생각보다 복잡하다. 자존심 때문에 끝까지 자신의 실수를 인정하지 않아 상처 주기도 하고, 심한 말로 감정의 골을 깊게 만들기도 하고, 돈 문제를 반복적으로 일으켜 심각한 재정 문제에 치닫게도 하기 때문이다. 이런 문제가 반복되면 이혼을 고려하게 된다.

이혼 사유 중 '경제적 파탄으로 인한 귀책 사유'는 법원에서도 이유를 묻거나 화해를 조정하지 않는다. 조정 사유가 되지 않기도 하고 조정할 수도 없기 때문이다. 또 의외로 경제적 이익을 노린 불법 행위가 얽힌 사례도 많다. 다주택자 세금을 피하려고 명의를 도용하거나, 차명 계좌를 이용해 재산을 은닉하는 경우다. 이혼 과정이 훨씬 복잡해 협의를 잘해야 하는 경우이고, 재산을 낱낱이 공개하느니 차라리 원수처럼 살겠다며 이혼을 포기하는 사람도 적지 않다. 당장 배우자 이름으로 된 명의를 변경하는 게 쉽지 않거니와 손해 보고 싶지 않은 마음 때문이다. 또 이 경우, 법정 소송으로 들어가면 3년까지 길게 법정 다툼을 하기도 한다. 상대의 바닥을 보게 되는 일이자, 매우 힘든 과정이다.

돈 앞에서 자비는 없는 것 같다. 그러나 이렇게 어려운데도 사람들은 이혼을 선택한다. 모든 수고로움과 비용을 감당하고서라도 헤어지는 것이 맞을 때, 우리는 이혼을 한다.

불륜이라는 항목

불륜은 대표적 이혼 사유 중 하나다. 시쳇말로 '성격 차이가 아니라 성적 차이'라고 하듯이 현재의 남편이나 아내에게 만족하지 못하고 다른 이에게서 사랑을 찾고자 하여 생기는 문제다. 그러나 불륜에는 성적인 문제만 있는 건 아니다. 사람이 싫어졌는데, 보는 것도 싫은데 어떻게 섹스를 할 수 있을까? 또, 신뢰가 깨진 상태여도 사랑이 있다면 어찌어찌 헤쳐나가지만, 상대의 부정을 안 상태라면 결혼 생활을 지속하기가 어려운 게 사실이다.

2020년도 한 설문 조사에 따르면, 기혼자의 30.4%(남성 41.3%, 여성 24.4%)가 외도를 해 봤다고 답했다. 이는 기혼자의 3분의 1에 해당하는 수치로, 이 중 50대 기혼자의 외도 경험 비율은 51.6%에 달한다. 또한, 불륜은 남녀를 가리지 않는다. 남성의 빈도가 높기는 하지만 요즘에는 여성의 외도 비율도 높아지고 있으며, 가사 소송 전문 변호사와 부부 상담 전문 정신과 전문의들은 기혼 여성의 외도 비율이 조사 결과보다 더 높을 것으로 보기도 한다. 전문가들은 "예전에는 기혼 남성과 미혼 여성의 불륜이 많았는데, 최근에는 기혼 남성과 기혼 여성, 기혼 여성과 미혼 남성 간의 불륜이 많이 늘었다. 사회생활을 하는 여성이 늘어나면서 성별 간 차이는 크게 줄었다"라고 말한다. 또

한, 조사에서 남성은 43.3%가 성매매는 외도가 아니라고 보지만, 여성은 20.9%가 외도로 보았다. 남녀의 관점 차이가 크다고 볼 수 있다.

불륜의 대상은 대부분 주변인이었다. 즉, 외도는 하고자 한다면 할 수 있는 것이다. 가족을 진정으로 생각해서 적당한 선에서 헤어지거나 외면하는 것이지, 손만 뻗으면 언제든 애인을 만들 수 있는 시대이기도 하다. 또한, 불륜에 대한 도덕적 판단을 떠나 불륜은 그냥 상대가 더는 나를 사랑하지 않는다는 뜻이기도 하다. 이런 배우자를 인내하는 데는 여러 이유가 있겠지만, 나는 자신에게 충분한 능력이 있고 멋진 사람이라면 상대방의 불륜을 참을 이유가 없다고 생각한다. 지극히 사랑해서, 혹은 가정을 깨고 싶지 않아서 참고 사는 사람이라고 해도 상대가 달라지지 않고 자주 불륜을 저지른다면 이혼으로 관계를 정리하는 게 낫다. 상흔에서 빨리 벗어나는 방법이라고 생각한다. 게다가 불륜은 한 번으로 끝나지 않는 경우가 훨씬 많다. 관계를 정리하지 않고 너는 너대로 나는 나대로 사는 것은 불행한 일이다. 경제적으로 독립할 수 없어 어쩔 수 없이 같이 사는 것도 행복하지 않고, 아이들을 생각해서 참고 사는 것도 나 자신을 너무나 초라하게 만드는 일이다. 그리고 불륜은 주요 이혼 사유에 덧대 감초처럼 껴 있는 것이기도 하다. 결혼 생활 중에는 몰랐다가 이혼 후에 알게 되기도 한다.

배우자의 외도를 알고 난 후에도 같이 산다는 건 이 모든 상황을 '알고' 있다는 뜻이기도 하다. 배우자가 어떤 식으로 불륜을 저지르고 어떤 식으로 변명했는지를, 어떻게 나를 속이고 애인을 만나는지를 아는 일이며, 가장 친밀했던 배우자와의 잠자리와 행동 패턴을 고스란히 상상하게 만드는 일이다. 참기도 힘들고 충격도 크다. 잘못했다고 속죄하는 사람은 차라리 착한 편이다. 불륜을 들켰음에도 "당신 때문에 이렇게 됐다"라며 당당한 사람도 많다. 그러고는 애인과 같이 살겠다고도 한다.

나는 여기에서 불륜의 부도덕함을 이야기하고 싶지는 않다. 간통죄는 사라졌고, 불륜은 어찌 되었든 상대방에게 상처를 주는 나쁜 행동이다. 내가 말하고 싶은 건 상대가 불륜을 저질렀다면 '더는 나를 사랑하지 않는다'라는 사실이다. 한때의 실수이거나 방황인 사람은 극히 드물며, 상습적으로 또는 몇 년씩 부정을 이어가는 사람이 훨씬 더 많다. 불륜하는 사람을 보면 가정을 깰 용기도 없는 사람이라는 생각이 든다.

불륜을 저지르면서 배우자가 모를 것으로 생각하는 것도 안일한 생각이다. 수십 년을 같이 생활한 사람이 모를 수가 있을까? 배우자의 촉은 날카롭다. 신뢰에 균열이 생기는 지점은 상대방을 의심하는 순간부터다. 배우자의 외도를 수용하고 수용하지 못하고는 개개인의 차이라서 뭐라 말할 수는 없지만, 외도하는 이를 믿거나 존중하기는 힘들어 보인다. 이혼이라는 결말로 다가가는 전조 증상인 건 틀림이 없다.

워커홀릭의 이면

누구나 일을 하지만 일을 유독 좋아하는 사람이 있다. 그리고 일을 중독에 가깝게 하는 사람을 우리는 '워커홀릭'이라고 부른다. 이들은 죽을 만큼, 정상의 범주를 넘어서는 정도로 일한다. 이들에게 일은 삶의 최우선이고 가장 중요한 가치이며, 일 이외의 것은 부수적인 것일 뿐이다. 이들은 일을 통해 강한 성취감을 얻고, 일하지 못하면 불안해한다. 그리고 어떤 워커홀릭은 "내가 이만큼 벌어다 주는데 무슨 불만이 있느냐"라고 말하며 결혼 생활에서 자신의 몫은 일을 해서 돈을 벌어다 주는 것으로 생각하기도 한다. 또 이와 동반된 술자리와 접대, 음주가무 등을 사업의 필수 요건으로 합리화하기도 한다(물론, 술 한 모금 마시지 않고, 접대 한번 하지 않고 오로지 실력으로만 인간관계를 맺고 승승장구하는 사람이 없지 않다. 주변에도 상당히 많은 워커홀릭이 금주를 실행하고 운동을 병행하면서 일한다).

사람은 누구나 사회적 지위와 성공에 대한 집착이 있다. 기왕이면 남들보다 더 잘 살고, 더 많이 벌고, 더 높은 자리에 올라가기를 원한다. 그러나 보통의 행복한 가정은 인생의 우선순위에 일을 일 순위로 두지 않는다. 일을 수단으로 생각하지, 목적으로 생각하지 않는 것이다.

사실 술을 마시든 마시지 않든, 취미가 있든 없든, 워커홀릭

자체는 문제가 되지 않는다. 그러나 결혼 후 중독적으로 일하거나, 술자리 접대를 당연하게 생각하며 가정에 소홀하고, 가사와 육아를 온전히 아내에게 맡기는 것은 잘못이다. 가족과 보내는 시간이 절대적으로 부족하면 문제가 생긴다. 독박육아라는 말이 왜 나왔겠는가.

그리고 시간이 흐르면 아이들은 자란다. 가족과 시간을 많이 보내지 않은 아빠는 어느새 ATM 기기 같은 존재가 되고, 아이들과 할 말이 없는 관계가 되어 버린다. 실제로 아빠와 시간을 보내지 않고 자란 아이들은 아빠와 함께하는 여행을 불편해하기도 한다. 뒤늦게 없는 시간을 쪼개 아이와 못다 한 시간을 만회하고자 해외여행을 한다고 해서 아이의 마음을 열 수 있을지는 미지수다. 가장 필요한 순간에 곁에 있어 주지 않은 부모에 대해 아이가 어떻게 생각하는지는 알 길이 없다.

일이 먼저일까? 가정이 먼저일까? 일을 하는 많은 부모가 가정을 위해 일한다고들 한다. 그러나 실제로는 일이 먼저고 가정은 뒷전인 경우가 많다. 아이에게 유기농만 먹이던 사람도 일을 시작하면 배달 음식을 먹이고, 언제 요리를 했는지 가물가물해진다. 맞벌이에게는 장을 보고 요리하고 설거지까지 해낼 만큼의 시간이 도저히 주어지지 않는다. 퇴근 후 혹은 주말에는 쉬고 싶은 마음뿐이다.

맞벌이 아내의 일상은 아침에 일어나 아이들을 어린이집에 맡기고, 일하고, 퇴근하면서 아이를 데려온 다음 아이가 원하는 배달 음식을 시켜주는 것으로 채워진다. 못다 한 일을 집으로 들고 와 새벽 3시, 4시까지 일하고 다시 출근하기도 한다. 아이도, 남편도 바쁘다. 아이는 하교 후 학원 뺑뺑이로 시간을 보내고, 남편은 비즈니스로 통화할 시간조차 없다. 또 직급이 오르고 연봉이 오르면 책임은 막중해진다. 일을 잘하고 실력을 인정받을수록 더 많은 프로젝트를 할당받는다. 그렇게 점점 워커홀릭이 되어 간다. 그리고 받은 만큼 일하는 게 경제적 논리이기도 하고, 자라는 아이들의 학원비가 무섭게 오르는 것도 현실이다. 엄청난 규모의 지출을 대비해야 해서 그만두기도 어렵다.

과연 스마트하게 일하면서 워라밸을 지키는 것이 가능한 일인가? 나는 과연 언제 쉬는가? 우리는 모두 끊임없이 질주해야만 하는 딜레마에 빠져 있다. 남편과 아내 모두 그런 삶을 살고 있다. 더 잘 살기 위해, 더 많은 돈을 벌기 위해, 더 편하게 살기 위해서라는 명분이지만, 그래서 우리는 과연 행복해졌는가?

동등하지 않은 관계

남녀가 동등하다는 건 상식적인 이야기다. 어릴 적 교과서로도 우리는 남녀가 동등하다고 배웠다. 헌법에 명시한 대로 말이다. 그러나 살면서 남녀는 동등하지 않다고 느낀다. 특히 여성이 엄마가 되는 순간 그렇다고 느낀다. 그건 양육에 관한 책임이 대부분 여성에게 전가되고 있고 남성은 조력자로서 존재하기 때문이다. 남편 대부분은 적극적인 양육자가 아니라 조력자로 남는다. 물론 요즘은 남편들도 편하지 않다. 아이를 처가에 맡긴 경우에는 내가 처가의 사위인지 머슴인지 헷갈린다. 온갖 집안일을 다 시키는 장모를 마주할 때도 있다. 아이를 봐준다는 핑계로 같은 아파트 같은 동으로 이사 오는 처가도 많다. 그러면 남편들은 주말 외식에 각종 대소사를 챙기며 운전사와 짐꾼 노릇을 하기 바쁘다. 일하는 아내를 위해 돕는 일에도 한계를 느낀다. 집은 어떤가. 집에 들어서면 아이들 공간과 아내의 공간은 있지만, 남편이 편히 쉴 공간은 어디에도 없다. 그러면 남편은 어떤 핑계를 대서라도 이제 집에서 나가고 싶어진다. 잠깐이라도 자유를 느끼고 싶은 것이다. 이렇게 남녀가 가정 내 가사와 육아, 사회적으로 겪는 불평등의 벽은 높다.

실제 우리나라 대기업 임원 중 여성 비율은 7%에 불과하다. 꾸준히 증가하고 있다고는 하나, 유리천장은 여전히 견고하다. 사원급에서도 여성은 전체의 24%에 그치며, 이들의 급여는 남성의 67% 수준으로, 세계 최하위 수준이다. 게다가 이러한 수치는 직장인에 국한된 것으로, 사업 분야로 가면 성별 격차는 더 심해진다. 여성 CEO 비율은 고작 3%에 불과하다.

이처럼 세상은 여전히 남성을 중심으로 돌아간다. 언제든 아이를 돌봐줄 사람이 있는 일부 여성을 제외하면, 결혼, 출산, 육아는 대부분 여성의 삶에 구조적 불평등을 더욱 심화시키는 원인이 된다. 우리나라 출산율이 줄어드는 이유에도 이런 남녀 간 불평등 문제가 자리 잡고 있다.

나는 회사에 다니며 대학에서 8년 정도를 시간 강사로 일했다. 수업이 하나일 때도 있었고 두 과목을 번갈아 강의한 적도 있다. 돈을 벌기 위함은 아니었다. 시간 강사 월급이라는 건 뻔하다. 큰 소득이 있는 일이 아니다. 당시 나는 나를 계발하고 싶었고, 회사와 가사에서 해방되고 싶었다. 잠깐 겸임 교수를 생각해 본 적은 있지만 쉽지 않았다. 회사에 다니며 두 과목을 강의하는 일도 힘에 부쳤고, 또 겸임 교수가 되면 교수님들께 인사해야 하는 수고스러움도 있다. 교수가 적성에 맞으면 몰라도 회사, 대학, 가정에서의 일을 모두 병행하기는 무리라고 판단했다. 그중 육아는 남편의 전폭적인 지지가 없으면 정말 힘든 일이 되고 만다. 여성의 자아실현은 닿을 수 없는 꿈이 되어 버리고, 거기에서 오는 좌절감은 생각보다 크다.

남편과 아이가 우선인 삶은 내 삶에서조차 나를 조력자로 만든다. 육아 휴직을 해도 여성이 먼저이고, 회사를 그만둬도 여성이 먼저인 사회적 시스템도 문제지만, 세상에서 일을 최우선으로 여기는 사람과 살면 내 꿈은 영원히 꿈으로만 남는다. '결혼만 아니었어도, 육아로 인한 경력 단절만 아니었어도' 싶어지는 것이다. 나도 결혼 전에는, 아이를 낳기 전에는, 나에게 성공에 대한 열정이 있다는 것을 알지 못했다.

아이러니한 건 이런 상황에도 정작 외벌이를 원하는 남자는 드물다는 것이다. 육아의 주체를 아내라고 여기고 자신은 조력자로 남으면서 아내가 돈도 벌어오길 바란다. 심지어 육아 조력도 하다 말다 한다. 이 시대의 엄마는 육아도 하고, 가사도 하고, 돈도 벌어야 한다. 이 세 가지를 멋지게 해내야 도태되지 않는 세상이기도 하다.

여성은 이 지점에서 자괴감을 느낀다. 남녀는 평등하지 않고 (더군다나 엄마는 여성들 사이에서도 불평등함을 겪는다), 남편의 전폭적인 지지 없이는 성공할 수 없다는 것. 그것이 살아가면서, 현실과 마주하면서 깨닫게 되는 것들이다.

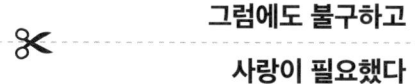

그럼에도 불구하고 사랑이 필요했다

인생에서 가장 중요한 것은 무엇일까? 그건 바로 '나' 자신이다. 우주의 먼지보다 작은 존재, 보잘것없는 존재여도 내가 없으면 모든 게 부질없다. 세계 평화와 자유 같은 숭고한 가치도 내가 없으면 모두 소용없는 일이다.

다른 사람의 시선 따위로 내 행복을 저당 잡히지 않겠다고 생각한다. 할 만큼 했다. 해 볼 만큼 다 해 보았다. 그렇게 하고도 바꿀 수 없었고, 달라지지 않았다. 이런 삶이라면 나에게 안 좋은 영향을 주는 모든 요소를 차단하는 게 맞는 일인 듯하다.

자식에 대한 견해도 그렇다. 자식에 대한 책임감은 죽을 때까지 있는 것이다. 이혼했다고 해서 책임감이 사라지는 것이 아니다. 이혼은 부부간의 관계를 끝내는 것이지 천륜을 끊어내는 게 아니기 때문이다. 당장은 상처가 되고 아픔이 되겠지만, 시간이 지나고 나면 아이는 성장하고 어른들을 이해하는 날이 오게 될 것으로 생각한다. 대신 많은 사랑을 주어야 한다. 아빠는 아빠대로 엄마는 엄마대로 할 수 있는 한 최선을 다해야 한다.

그러나 아이, 부모 형제, 친구와 지인을 다 떠나서 제일 중요한 사람은 '나'다. 나는 귀하게 태어난 존재이고, 가족의 사랑으로 바르게 자랐으며, 성실하게 살아왔다. 이혼이란 명제 앞에서 무너져야 할 이유가 없다. 나는 지금까지 살아온 방식 그대로 다시 일어서서 충분히 사랑하고 사랑받는 존재가 되어야겠다고 생각했다. 이혼했다고 해서 모든 걸 내려놓지 않으리라고 생각했다.

결혼 후 배우자를 '잡아 놓은 물고기'라고 표현하는 사람들이 있다. 그러나 영혼이 자유로운 사람은 결코 물고기가 될 수 없다. 누구도 상대방을 가둬 둘 수는 없다. 상대방의 자존을 무너뜨려서는 안 된다. 귀한 손님으로 대해야 한다. 누구보다도 귀하게 태어난 존재를 함부로 대하는 것은 온당하지 않다.

우리의 시간은 한시적이며, 우리는 잠시 이 우주를 떠돌다 사라지는 존재이다. 이미 인생의 후반부, 길게 남지 않은 소중한 시간을 관망해서는 안 된다. 내가 이혼한 것은 사랑이 필요했기 때문이다.

② 고민과 갈등의 시간은 충분히

**이혼이라는 고민,
이혼은 현실이다**

　이혼을 해야 할지 말아야 할지. 그 고민만 10년을 한 것 같다. '경제적 독립은 가능한가? 아이의 양육은 누구의 몫인가? 재산은 어떻게 나눌 것인가? 그 사람에 대한 미련은 정말 하나도 없는 것인가?' 한순간에 결정하기에는 너무 어려운 문제임이 틀림없었다. 이런 어려운 고민 끝에 20년간의 결혼 생활에 종지부를 찍은 이혼 경험자로서, 이혼에 관한 고민은 충분히 하라고 하고 싶다. 그중 가장 고민해야 할 건 '경제적 독립'이다. 여성의 경제적 독립은 정말 어렵다. 경력의 단절, 나이, 사회적 환경 이 모든 것이 장벽처럼 다가온다. 특히 중년이 넘어가는 때에 새로운 미래를 설계하기란 무척 버거운 일이고, 나이에 따라 할 수 있는 일과 할 수 없는 일이 나뉘기도 한다. 그러므로 이혼 전에, 이혼 후의 삶을 차근차근 구체적으로 계획하길 바란다. '이혼하면 어떻게든 되겠지' 하는 태도가 가장 위험하다. 현실은 녹록지 않다.

나는 별거부터 해 볼 것을 권한다. 함께하는 일상이 고통스러우니 먼저 떨어져 살아보는 것이다. 물리적인 충돌이 사라지면 내면을 더 깊이 들여다볼 여유가 생긴다. 고요한 시간 속에서 나는 어떤 사람인지, 혼자서 살아갈 수 있는 사람인지 묻자. 혼자 사는 삶이 편하고 때론 자유롭게 느껴질 때 이혼을 본격적으로 준비해도 늦지 않다.

별거는 이혼의 리허설이다. 두어 달 따로 지내보는 것이 아니라 정말로 살림과 재정을 분리해 한두 해 살아보는 것이다. 그러면 분명해진다. 내가 혼자 살 수 있는 사람인지, 아니면 누군가의 온기를 필요로 하는 사람인지. 혼자 사는 생활에 자신이 없다면 이혼은 요원하다고 생각된다.

실제로 어떤 사람들은 이혼했다가 재결합하기도 한다. 혼자인 삶이 생각보다 외로웠기 때문일 수도 있고, 경제적으로 힘들었기 때문일 수도 있다. 그러니 별거는 단순한 시험이 아니라 자신의 진짜 내면을 마주하는 시간을 만드는 중요한 일이다. 나는 1년간 별거한 뒤 이혼을 결심했다. 그 시간은 나에게 확신을 주었고, 아이에게도 무리가 없었다. 혼자인 게 무척 외롭긴 했다. 종일 말 한마디 나눌 사람이 없고, 집에 와도 기다리는 이가 없는, 철저한 고독이었다. 이 고독에 익숙해져야 이혼도 감당할 수 있다.

이혼은 현실이다. 가상이 아니다. 가상으로 이혼하는 예능 프로그램도 있는데 이런 프로그램은 더 잘 살아보자고 하는 취지

이지 이혼을 장려하지는 않는다. 솔직히 내 눈에는 완벽하게 짜인 각본으로 보인다. 정말로 이혼을 고려하는 사람들의 속사정은 더욱 복잡하고 해결할 수 없는 고민으로 가득하며, 그 어떤 전문가가 컨설팅해도 정답은 "서로 헤어지세요"일 가능성이 크다. 그만큼 이혼을 고려하는 사람들은 회복이라는 단어가 어울리지 않는 불행한 삶을 살고 있으며 서로의 삶을 좀먹고 있을 가능성이 크다. 헤어지는 것이 정답인 사람들에게 예전의 사랑했던 시절을 상기하라는 조언은 실체가 없는 상상에 불과하다. 그 정도로 해결될 거라면 이혼하지 않는다.

이혼하는 부부의 진짜 이유는 행복한 가정을 이루고 사는 사람들이 이해하지 못할 만큼 상상을 초월한다. 내 행복만을 빌어주고 평생을 키워주신 부모님을 떠올리지 않는 사람이 없고, 내 아이가 받을 상처와 미래를 생각하지 않는 사람이 없다.

또 이혼으로 인해 형편이 어려워지고, 경력이 단절된 상태에서 다시 사회생활을 시작해야 하는 두려움은 이혼하고 싶어도 하지 못하는 이유가 된다. 그래서 '이혼도 능력'이라고 하는 것이다. 전적으로 남편에게 경제력을 의지한 여성이라면 더더욱 어렵다. 그리고 이제 젊지 않다는 것도 고려해야 한다. 아이를 다 키워 놨더니 40대 후반, 50대가 눈앞이다. 신입사원으로 시작하기에도, 중간 관리자로 취직하기도 어려운 나이. 가능한 일자리가 자영업 아니면 단기 일자리라면 그 또한 감수해야 한다.

경력을 관리하던 사람도 인생의 후반은 불안하기 마련이다.

없는 것보다 나은 게 가정이라는 울타리이고, 남편일 수 있다. 조금이라도 이런 마음이 든다면 이혼은 권하고 싶지 않다. 사랑이 없어도 견딜 만하면 같이 살아가기를, 그렇게 이해하면서 서서히 관계를 회복하기를 바란다. 이혼 후 혼자인 삶은 생각보다 고되고 외로운 여정이다.

아이에게 가장 좋은 부모는 원부모이다

아이에게 엄마 아빠는 절대적인 존재이다. 세상에 태어나 처음 눈떴을 때 마주한 사람이 엄마와 아빠이며, 아이는 그 부모로부터 밥 먹는 법, 걷는 법, 말하는 법 등 삶에 필요한 모든 것을 배워나간다. 아이에게는 이 모든 걸 알려주고 사랑해 준 내 부모가 최고의 엄마, 최고의 아빠이다. 그러므로 이혼해 각자 새로운 가정을 꾸리더라도 아이에게 새엄마 새 아빠를 '엄마'와 '아빠'라고 부르도록 강요할 필요는 없다. 아이에게는 언제까지나 원부모가 내 부모이기 때문이다. 재혼한 부부가 자신들의 사랑과 관계를 아이에게까지 이해받고 받아들여지길 바라는 경우가 있는데, 무리라고 생각한다. 특히 어린아이일수록 이런 상황은 더 혼란스럽기만 하다. '부모가 된 타인'을 받아들이라고 하는 것은 아이에게 무거운 짐을 지우는 것과 같다.

부부 사이가 심각하게 틀어졌고, 서로에게 상처만 주는 상황이라면 이혼이 나은 선택이다. 그러나 아무리 상대가 원수처럼 느껴진다고 해도 아이에게만큼은 엄마의 자리, 아빠의 자리를 남겨 주어야 한다.

또 어른의 감정을 아이에게 이입시키려 해서는 안 된다. 왜 이렇게 됐는지 아이에게 설명하고 싶은 욕망이야 왜 없겠는가. 그러나 하나하나 이야기하다 보면 결국엔 아이에게 상대방을 탓하게 된다. 나 역시 그랬던 것 같다. 그것이 아이에게 스트레스로 다가왔으리라 생각한다. 나는 시간이 흐르면서 자연스럽게 아이 아빠와 관련된 괴로운 부분이 사라져 원망도 거두게 된 사례다. 그래서 지금은 아이 아빠의 삶이 온전하고, 사업도 잘되고 행복해야 한다고 생각한다. 내가 한때 사랑했던 사람에 대한 미련이 아니라, 아이 아빠에 대한 희망 사항이다. 아이 아빠가 잘못되면 내 아이도 슬플 것이고 불행할 것이다. 그와 나는 남이 되었지만, 아이에겐 여전히 아빠이고 엄마이다. 아이가 처음 이 세상에 기대었던 언덕이라는 사실은 변하지 않는다. 상대방을 몹쓸 사람으로 만들면, 아이는 그런 사람의 자식이 된다. 그래서 참아야 한다. 단점을 성토하기보다는 좋은 기억만을 상기시키려 애써야 한다. 그것이 아이의 마음을 위한 최소한의 예의다.

인간은 감정적인 동물이다. 그래서 어떤 감정 앞에서는 타협도 양보도 불가능하다. 대의나 명분이 없어지면 극단적인 선택도 서슴지 않는다. 이혼 직전이 바로 그런 임계점에 도달한 때일 것이다. 그런데도 끝까지 참고, 마지막 이성의 끈 한 가닥을 붙잡는 건 결국, 아이 때문이다. 이것은 아이에게 상대방의 귀책 사유를 쉽게 밝히지 않는 이유이기도 하다. 지금까지 잘 참아왔듯이 마지막까지도 잘 참아야 한다. 그가 아이의 아빠이고, 그녀가 아이의 엄마라는 최소한의 사실을 잊지 말아야 한다.

내 지인의 경우 남편이 아내에게 친생부인 소송과 함께 이혼 소송을 했다. 말하자면, 아내가 혼외 임신한 걸 남편에게 말하지 않았고, 남편은 그 아이를 15살이 될 때까지 친자로 알고 키운 것이다. 친생부인 소송은 아이가 친자가 아니라고 인지한 날로부터 2년 이내에 제기할 수 있으며, 그 기간이 지나면 법은 아이의 양육을 위해 부의 친자로 인정해 버린다. 이에 남편은 친자인 첫째 아이가 아직 미성년자인 걸 고려해 아이가 대학을 졸업할 때까지 그 사실을 알리지 않기로 합의했다. 남편은 피가 거꾸로 솟는 배신감과 절망감을 느꼈지만, 아이가 받을 상처를 생각해 많은 걸 묻어 두기로 한 것 같았다. 남편이 착하고 바보여서 그런 선택을 한 건 아닐 것이다. 지금까지 친동생으로 알던 동생이 어느 날 갑자기 이복동생이라는 걸 아는 것 자체가 아이에게는 하늘이 무너지는 아픔일 것이기에 참는 것이다. 그리고 친자는 아니지만, 여태 아빠로 알아 온 사람이 아빠가 아니라는 걸 알게 될 둘째 아이를 위한 배려이기도 할 것이다.

상대를 나쁜 놈, 나쁜 년이라고 욕하면 아이는 나쁜 놈, 나쁜 년의 자식이 된다. 아이의 자존감에 심각한 상처를 내는 일이다. 성인이 되어 감당할 수 있는 때가 되어도 큰 상처는 남는다. 그냥 "아빠는 너와 생각이 다른 것 같아" 혹은 "엄마는 아빠와 이렇게 다른 것 같아"라는 말로 서로의 다름을 인지시키는 것이 훨씬 유연한 방식 같다. 노력했는데 잘 안되었다고, 엄마와 아빠가 함께 살 수 없게 되었다고, 그러나 이혼하더라도 엄마와 아빠라는 사실에는 변함이 없다고 가볍게 이야기하고 가볍게 받아들 수 있게 하는 것이 아이를 위해 좋은 것 같다. 상세한 이야기는 아이가 성인이 되었을 때 차차 해도 늦지 않다고 생각한다. 또 그때가 되면 그리 자세히 이야기하지 않아도 될 수 있다.

아이에게 가장 경계해야 하는 말은, 상대로 인해 내 인생이 망가졌다고 하는 것이다. 그 말은 내가 타인에 의해 좌지우지되는 나약한 사람이라고 말하는 것이고, 이혼의 결과를 상대에게 전가하는 것이다. 내가 선택한 사람이라는 것을, 그래서 반은 내 책임이라는 것을 인정해야 한다. 본래 그 사람을 선택한 사람은 나였다. 가끔 결혼 실패의 원인을 상대방에게서 찾는 사람들이 있는데, 그것은 내 삶의 의지를 스스로 낮게 평가하는 일이라고 생각된다. 그 모든 결정에 나의 의지가 없었던 것은 아니지 않은가? 선택도 내가 한 것이고, 내가 바로 보지 못했고, 나의 실수도 있는 것이니까.

수십 년이 흘렀는데도 계속 아이 앞에서 상대를 증오하고, 불행하길 바라는 사람도 있다. 이런 사람을 보면 오히려 결핍은 본인에게 있는 게 아닌가 싶기도 하다. 두고두고 서로를 증오하는 부모를 둔 자식의 마음을 헤아리자. 괜찮을 리가 없다.

이혼하면 상대는 철저하게 남이다. 남에게 화를 내는 건 실례다. 그리고 세월이 많이 흐르면 상대에게 아무런 감정이 없다는 것을 확인하는 때가 온다. 언제 그와 살았는지조차 잊고 현실을 바라보면서 사는 나를 발견하게 된다. 내 인생에 가치 없는 사람을 끌어들일 필요는 없다. 그저 내가 할 일은 아이에게 엄마라는, 아빠라는, 최소한의 타이틀을 지켜주는 일뿐이다. 아이가 세상에서 중심을 잃지 않도록.

이혼녀, 이혼남이라는 시선을 견뎌야 한다

나를 잘 아는 사람들은 나를 선입견 없이 봐 주는데, 나와 가깝지도 멀지도 않은 관계인 사람들은 나를 이상하게 바라본다고 하소연하는 사람들이 있다. 어쩌면 무리를 짓고 편을 갈라 사회생활 하는 인류의 습성이 그대로 남아서인지도 모르겠다. "너는 이혼녀(또는 이혼남)니까"라고 하면서 서서히 그룹에서 제외하려는 것이다. 행복한 우리 가정에 혹여 바이러스 옮기듯 이혼이라는 불행을 옮기는 게 아닐까 싶어 멀리하는 시선들이, 세상에는 존재한다. 내 앞에서 요즘 이혼은 흠도 아니라고, 오히려 부럽다고 그럴듯하게 말하는 사람들도 뒤돌아서서는 리스트에서 내 이름을 지운다. 나를 가정이 온전하지 못하여 멀리해야 할 사람으로 분류하며 더는 얻을 게 없다고 생각하기도 한다. 그만큼 사회적 시선은 따갑다. 물론, 너그럽고 따뜻한 사람들이 많다는 것도 알고 있다. 그러나 생전 처음 겪는 따돌림과 그룹에서 제외되는 경험을 해 보면 생각이 달라진다.

나도 그런 불편한 모임이 있었다. 부부 동반격 모임이었는데, 이혼하고 나니 그들은 애써 나를 모임에서 제외하려 했다. 어쩌겠는가. 세상이 그러면 그런 것으로 이해하기로 한다. 그들이 보는 시각을 바꿀 수는 없다. 차라리 내가 내 생각과 가치관을 바꾸는 게 천 배는 편하고 합리적이다.

이런 일은 이혼하고 나서 겪는 사회적 격리 현상이기 때문에 이혼해 봐야 알 수 있다. 경험해 보지 않고는 이런 은근한 차별과 따돌림이 있다는 것을 잘 모른다.

반대로 이혼 후 철저하게 자신을 왕따시키는 사람도 있다. 사람도 만나지 않고 연애도 하지 않으면서 자신을 사회에서 고립시키는 것이다. 이해한다. 이런 사람은 모든 게 귀찮아서이다. 누구를 만나 설명하는 일도, 위로도 되지 않는 말을 듣고 있는 일도 버겁고 힘든 것이다. 그래서인지 이혼하고 나면 점점 가정이 있는 사람보다는 돌싱인 사람들과 어울리게 되고 결국 많은 친구가 돌싱으로 굳어진다. '공통분모'를 찾는 게 인간의 속성이기 때문인 것 같다. 이해한다. 나를 애써 외면하는 사람이든 아니든, 그들은 그저 나와 비슷한 사람 또는 나와 비슷한 환경에서 아이를 훈육하고 가정생활을 하는 사람을 만나 살아가는 이야기를 하고 싶을 뿐이다. 사실 공통분모가 없으면 별로 할 말이 없기도 하다. 이런 특성은 어쩔 수 없다고 생각한다.

그리고 이혼녀, 이혼남으로 낙인찍힌다고 해도 어쩌겠는가? 이혼한 사람을 어딘가 결점이 있을 것으로 바라보는 시선은 한 번에 바꿀 수 없다. 사회적 인식이 달려져야 하는 것이지 개인은 별로 힘이 없다. 편견의 시선은 그냥 감내해야 할 부분이라 생각하자. 어느 날 그런 시선들이 있었고, 나는 생각지도 않게 그런 시선을 느꼈을 뿐이라고.

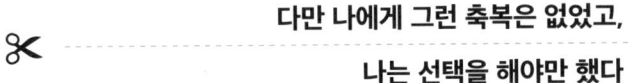

다만 나에게 그런 축복은 없었고, 나는 선택을 해야만 했다

"넌 이혼한 게 아니라 졸혼한 거야!"라고 말한 선배가 있었다. 그러나 이혼과 졸혼은 하늘과 땅 차이다. 이혼은 법적으로 남남이 되는 것이지만, 졸혼은 각자 자유롭게 살지언정 혼인 관계를 유지하는 것이기 때문이다. 혼인 관계를 유지한다는 건 집안의 대소사를 함께 챙기되, 상대방이 다른 사람을 만나고 사귀더라도 사생활이니 묻지 않겠다는 암묵적인 계산법이 있다고 생각한다. 그런 면에서 나는 졸혼은 조금 비겁한 방법이 아닌가 싶기도 하다.

부부 사이는 법적으로 완전히 정리되어야만 끝나는 것이다. 법적으로 정리하지 않아 표면적으로 가족 간의 경조사를 챙긴다면 그건 결혼의 연장이지 헤어진 것이 아니다. 게다가 사랑하는 사람이 생기면 문제가 된다. 사랑하는 사람에 대한 예의가 아닐뿐더러, 이도 저도 아닌 꼬인 관계로 남는 것이 된다. 아주 솔직히는, 합법적으로 첩을 두겠다는 의지라고 생각한다. 관습이 무서워 배우자와 법적인 관계를 유지하며 각종 대소사에 참여하는 사람이, 무슨 사랑할 자격이 있나 싶다. 함께 차를 타고 가다 교통사고가 나도 혼인 관계가 아니면 서로를 위해 해줄 수 있는 게 아무것도 없다. 사실혼 관계를 인정받는 것도 법적으로 싱글일 때나 가능한 것이지, 그게 아니면 사랑하는 사람을 보호할 수 없다. 이런 관계를 진정한 사랑이라고 할 수 있을까?

우리는 다시 사랑하는 사람을 만날 수 있다. 충분히. 그러나 각자 아내와 남편이 있는 상태라면 그것은 영원한 동반자가 아니라 시절 인연에 지나지 않는다. 진정한 사랑이라면 지난 관계는 정리해야 한다. 또 대한민국은 일부일처제를 헌법에 명시하고 있다. 어떤 이유에서든 정당화할 수 없다.

그런데 가끔 이혼한 것을 결혼 생활을 유지하면서 바람피우는 것보다 더 지탄하는 사람을 본다. 이들은 배우자가 집에 생활비만 가져다주면 괜찮다고도 한다. 경제적으로 독립할 자신이 없어 자신을 합리화하는 게 아닌가 싶다. 또 '언젠간 돌아오겠지' 하는 마음으로 마지막 지푸라기라도 잡는 심정으로 버티고 사는 사람도 있는데, 이건 자신에 대한 모독이라고 생각한다. 외도하는 배우자를 참고 사는 건 자신에게 깊은 상처를 남기는 비참한 일이다.

우리 사회는 왜 바람피우는 것보다 이혼하는 것을 더 비판적으로 바라볼까? 이혼은 죄가 아니지 않나? 알다가도 모를 일이다. 이혼은 두 번 다시 겪고 싶지 않을 만큼 힘들고, 서로에게 깊은 상처를 입히는 일이다. 아주 힘든 과정을 거쳐 이혼하는 것이다. 그런데도 왜 사람들은 이혼을 뜯어말리는 건지, 독립적인 인간으로 다시 태어나겠다는데 "사는 게 다 그렇고 그렇다"라며 타협하라고 하는지, 왜 "늙어서 이혼하면 별거 없다"; "좋은 게 좋은 거다"라는 말로 설득하는지. 한 번 태어나 한 번 가는 인생인데 매일매일 사랑하지 않는 사람의 면면을 보면서 점점 실망하는 건 의미가 없는 삶이다. 나는 결혼에 대한 환상이 20년에 걸쳐서 철저히 깨졌다. 이혼은 개인의 선택이지 인생의 실패가 아니라고 생각한다. 이혼한 사람을 인생의 패배자로 치부하는 것에 대해 반대 의견을 표시한다. 이혼은 선택일 뿐 그 이상도 그 이하도 아니다.

나는 늘 무언가가 되고 싶었다. 너는 누구냐 물으면 누구라고 대답할 수 있는 사람, 나만의 정체성이 있는 사람이 되고 싶었다. 그리고 이제야 그 답을 내놓을 수 있게 되었다.

나는 '살기 위해 일을 하는 사람. 그 하는 일이 내게 만족감을 주고 그 일이 마음에 들면 아주 만족하는 사람'이다. 앞으로 또 어떤 직업을 갖게 될지 모르겠지만, 어떤 일을 시작해도 나는 나일 것이고, 내 정체성과 고집과 성격은 변함없을 것이다. 나는 내가 나로서 살 수 있을 때, 하고 싶은 일을 할 수 있을 때, 그것으로 인해 만족감을 얻을 때 가장 행복하다. 이혼하면서 이런 본질적인 나로 돌아와 다시 꿈을 꾸며 살게 되었다. 작은 목표를 세우고 이뤄 나가며 진정한 내 삶을 살게 되었다. 이혼하지 않았더라면 불가능한 일이었다. 왜 결혼해서는 이룰 수 없었느냐 묻는다면, 이룰 수 없어서 이혼한 거라고 말할 것이다.

나는 나답게 살기 위해 이혼했다. 미안하거나 부끄럽지 않다. 나도 할 만큼 했다. 지금은 그 수많은 장애를 이겨내고 잘 살고 있는 나 자신이 대견하다. 매일 하루에 한 번씩 이야기하고 있다. 이혼은 정말 잘한 선택이라고.

3 이혼, 빠를수록 좋다

>✂ **가능성이 없다면
>빨리 이혼하는 게 낫다**

지나가다 이런 글을 읽었다. '결혼은 인생 최대의 비즈니스'라고. 비즈니스? 나는 소중하니까, 이런 나와 평생 살 사람이니까 학벌에, 집안에, 가치관과 마인드, 겉으로 보이는 외모와 키, 버릇, 성격, 말투 그 모든 걸 따지면서 하는 게 결혼이라는 뜻이다. 소중한 나를 위해 집안의 가풍을 보기도 하고, 부모님 자리가 어떤지, 부모님의 성격과 가치관은 어떤지를 파악하기도 한다. 그리고 그 안에는 경쟁적으로, 주변 친구들보다 더 잘 결혼하려는 속성이 숨어 있기도 하다. 이런저런 조건을 따져 적어도 남들 보기에 창피하지는 않아야 하는 거다. 또 결혼이 일종의 도피인 사람도 있다. 가정 폭력, 경제적 빈곤, 부양의 압박, 심리적 결핍 등의 이유로 결혼을 선택하는 경우다. 나처럼 얹혀사는 듯한 느낌에 결혼한 사람도 있을 수 있다. 어쨌든, 이처럼 결혼하는 이유가 수만 가지이듯 이혼하는 이유도 수만 가지다.

그리고 이혼 후 혼자가 되었다고 해서 결혼 전과 비교해서는 안 된다. 확실히 20대 시절로 리셋되는 느낌이 있긴 하지만, 더는 젊지 않고, 할 수 있는 일도 이전과 다르다. 인생 후반을 어떻게 살 것인지, 어떻게 경제적으로 독립하고 노후 비용을 마련할 것인지 등을 따져 준비하는 것이 중요하다.

결혼 자체를 혐오하거나 싫어하진 않는다. 둘이 더불어 행복하게 같이 산다는 개념을 좋아한다. 오히려 결혼을 통해 부를 창출하고, 마음이 잘 맞아 생각보다 멋진 시너지 효과를 내는 사람도 많다. 혼자보다는 둘이 낫다고 생각한다. 그러나 결혼에 따르는 사회적 관습적 대가는 치르고 싶지는 않다. 책임감만 있는 결혼은 속박이 되고 결국 피폐해진다. 또 결혼으로 인해 피폐해진 삶을 더 늦기 전에 원점으로 되돌리는 일은 나쁜 일이 아니다. 가장 중요한 아이 양육 문제만 해결되면, 빨리 이혼하고 새출발하는 게 유리하다고 생각한다. 이혼은 시간을 끌 일이 아니다.

내 주변에는 부부 사이가 이미 돌이킬 수 없는 관계로 나아갔는데도 재산 분할 때문에 어려움을 호소하는 이가 적지 않다. 스톡옵션과 주주배당금, 상속받은 재산 등으로 증가한 재산을 막상 나누려고 보니 분할 금액의 규모도 덩달아 커진 것이다. 건물을 반으로 쪼개야 하는데 그것도 만만치가 않다며 고민하는 지인도 있었다. 그러나 상대의 귀책 사유를 참아가며 살아가는 것이 과연 의미 있는 일인지, 뻔뻔한 변명과 노골적인 무시를 견디며 재산을 지키는 것이 정말 가치 있는 선택인지를 아주 진지하게 고민해 보아야 한다고 생각한다. 쉽게 번 돈, 쉽게 불린 재산은 아니지만, 그것을 지키려고 나를 망가뜨리고 상처받게 두고 있다는 사실을 인지하면 좋을 것 같다. 돈도 중요하지만, 나를 더 중요하게 생각해야 한다.

　빨리 이혼해야 행복을 찾는 일도 빨라진다. 자유로운 몸과 마음이 되었을 때, 더 큰 성공과 더 많은 행복을 찾을 수 있다. 더욱이 사랑하는 사람을 만났는데 내가 법적으로 유부남이거나 유부녀라면 상대방에게 너무나 미안한 게 아닐까? 끝난 부부의 사랑을 법적으로 정리하지 않은 채 다른 이를 마음에 두면 흔히 말하는 불륜이 되어 버린다. 그것처럼 상대에게 미안한 일은 없다. 원하는 삶을 살고 싶다면, 원하는 만큼의 희생과 아픔에 책임을 져야 한다. 원점으로 돌아와야만 새 삶을 살 수가 있다.

고통을 인내하는 것이 최선은 아니다

　예리한 칼날에 깊게 베어본 사람은 안다. 그것이 얼마나 지독하고 불가항력적인지. 피할 수 있는 상처라는 게 있을까? 쓰나미처럼 닥치는 상처는 그저 지나가기를 바랄 뿐.
　우리는 매일매일 태어나고, 매일매일 상처받고, 매일매일 죽는다. 저녁에 눈 감고 잠들 때 다시 아침이 오지 않기를 기도하고, 아침에 눈 떠 잠에서 깨어났을 때 상처받지 않을 하루를 상상한다. 사람들은 모두 비장한 칼날을 장착하고 내게 온다. 어떤 이는 무료해서 훅 찔러 보기도 하고, 어떤 이는 자신의 존재감을 증명하고자 무도하게 휘두르기도 한다. 여기가 무슨 무협의 세계인가? 그렇다. 세상의 장르는 무협이다. 세상은 전쟁터다. 전쟁에서 살아남으려면 상대보다 먼저 무참히 베고 내가 정의로웠다고 합리화하는 수밖에 없다. 전쟁에서는 내가 먼저 살아남아야 한다. 가족이라는 미명 혹은 연인이라는 미명이 있어도 전쟁 속에서 살아가야 한다면 강해져야 한다. 세상을 살면서 가장 힘든 것은 인간관계이며, 제일 힘든 일은 지금이 된다. 살아내야 하는데, 어디 쉬운 일이 있던가.

100여 명의 직원을 둔 메이저급 디자인 회사의 20년 차 수장을 만난 일이 있다. 그분은 직원이 100명이면 매년 입·퇴사자가 어림잡아도 2,000명이라며, "저는 매년 100번의 화살을 맞습니다"라고 말했다. 규모가 작은 회사일수록 한 사람 한 사람의 역할이 커서 그들이 나갈 때마다 수장은 상처를 입는다. 몇 년이나 애지중지하며 잘 가르쳐 키운 직원이 "그동안 즐거웠어요. 많이 배워서 좋았어요" 하고 나가버리면 상처받지 않을 도리가 없다. 직원을 이해하지 못하는 건 아니다. 나였어도 '내 회사도 아닌데, 월급이나 받는 건데' 싶어 더 성장할 만한 곳으로 이직할 것이다. 서운해도 세상의 이치 아니겠는가? 그러나 이 당연한 이치에도 상처는 따른다. 몇 년을 같이 지낸 직원이 나갈 때는 서운하기가 그지없다. 그렇다면 20년을 같이 산 사람을 한순간에 정리하고(쾌재를 부를지라도) 상처받지 않을 사람이 있을까?

이혼은 인생 최대의 사건이고 인생 최대의 상처다. 아이 낳고 같이 살 비비면서 살던, 한때 가장 사랑했던 사람이기에 그렇다.

나는 평소에 멘탈이 무척 강한 사람이라고 자부하며 살았지만, 이혼할 즈음에는 반쯤 넋이 나간 상태였던 것 같다. 지독한 불면증으로 잠을 잘 수 없었고 급기야 일주일 내내 잠을 못 자는 지경에 이르렀다. 낮에는 일하고 밤에는 잠을 못 자고… 정말이지 미칠 지경이었다. 죽고 싶을 만큼 피곤했다.

지독한 불면증에 수면제를 처방받기 위해 정신과에 들러 각종 검사를 받고는 '인지부조화성우울증'이라는 진단을 받았다. 그리고 이혼을 결심하고 별거하던 중에는 유방암을 진단받았다. 한쪽 가슴을 완전히 절제해야 하는 큰 수술이었고, 억울했다. 병원에서 집까지 울면서 왔다. 모든 게 멀쩡할 리가 없었다. 모든 고통이 결국엔 나의 몸을 망가뜨리고 있었다. 생각해 보니 몸이 아프지 않은 게 더 말이 안 되는 상황 같았다. 고통스러운 나날을 보내고, 고민하고, 투잡 쓰리잡을 하며 버티니 아플 수밖에. 그리고 요양병원에 계시던 친정엄마가 돌아가셨다. 이혼 하나로도 힘든 나날인데 모든 시련이 쓰나미처럼 몰려왔다. 이 모든 일이 1년 안에 한꺼번에 일어났다. 삶이 "이래도 자살 안 할 거니?"라며 기만하는 것 같았다.

그나마 다행으로 여긴 건 암이 1기여서 방사능 치료까진 가지 않았다는 것과 수술한 다음 날부터 알아본 회사에 취업이 되었다는 것이었다. 암 환자였지만 피주머니를 차고 회사 교육을 들을 수 있었다. 평소에 친한 지인들이 나를 도와주었다.

 이혼을 결정하기까지에 따르는 고통은 나를 잠식시키기도 하고, 벼랑 끝으로 몰고 가기도 한다. 그래서 차라리 이 지경에 이르기 전에, 진작에 이혼했더라면 더 나았을 거라는 생각을 한다. 죽기 직전까지 버텨서, 아무 힘이 남지 않을 정도로 소진해서 더 힘들었던 것 같다. 그래서 나는 너무 버티지 말라고 이야기하고 싶다. 가장 소중한 내가 더 다치고 망가진다. 이 일에서 가장 힘든 사람은 결국 나이기 때문이다.

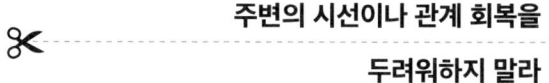

주변의 시선이나 관계 회복을 두려워하지 말라

 이혼을 하면 가족의 형태가 바뀐다. 그리고 그 바뀐 형태를 사람들은 보통 '결손가정' 혹은 '한부모 가정'이라고 부르며, 시선을 달리한다. 한부모 가정이란 '이혼 사별 또는 미혼모, 미혼부로 인해 한쪽 부모만 미성년 자녀를 양육하는 형태'를 말하며, 우리나라의 경우, 2020년 기준 약 23%가 한부모 가정이다.

 나는 이혼하면서 내 아이가 자연스럽게 결손가정의 아이가 된다는 현실에 기가 막혔다. 나의 가정을 결손가정이라고 생각해본 적은 없는 것 같다. 남들보다 과하지는 못하더라도 모자람 없이, 최선을 다해 키워왔는데 결손가정이라니, 사회적으로 낙인이 찍히는 것 같았다. '결손가정'이라는 언어는 구시대적 언어이며, 정상과 비정상을 나누는 이분법적 사고의 전형이다. 무언가 부족하거나 문제가 있다는 의미를 내포하는 부정적 뉘앙스의 용어이고, 이는 특정 가정의 형태를 결핍된 상태로 간주하므로 일종의 폭력에 해당한다. 또한, 이혼함으로써 결손가정이 된다는 것은 '결혼의 실패는 곧 인생의 실패와 같다'라는 사회적 인식 수준을 보여준다. 세상은 끊임없이 변화하는데 이혼에 관해서는 여전히 보수적이다. 잘못된 관념을 고치려고 하지도 않는다. 이혼은 흠이 아니라고 하면서 뒤에 가서는 여전히 수군대는 것과 같은 이치다.

아이를 성인이 될 때까지 키우지 못하고 이혼했다고 해서 가정에 '결손'이라는 말이 붙는 건 억울한 측면이 있다. 엄마의 사랑이 모자란 것도 아니고, 아빠의 사랑이 모자란 것도 아니다. 그저 엄마와 아빠가 함께 살지 않는 것뿐이다. 아이가 엄마를 만나고 아빠를 만나는 데는 아무 제약이 없다.

이혼한 첫해에는 이혼 사실을 아무에게도 알리지 않았다. 아이에게 피해가 갈 수 있지 않을까 염려해 형제에게도 나중에 알렸다. 알려서 좋을 게 없을 것 같았다. 적어도 아이가 성인이 될 때까지는 지인들에게 말하지 않을 작정이었다. 더군다나 학교에는.

그러나 학교에 등본을 제출하니 허사였다. 같이 살고 있지 않고, 친권을 주었기 때문에 나는 아무 권리가 없는 사람이 되어 있었다. 그 사실을 선생님만 알고 있을 텐데도 어느새 학부모들이 다 알게 되는 일도 있었다. 친하던 학부모들이 갑자기 색안경을 끼고 본다거나, 처음엔 이해한다고 하면서 서서히 멀어지는 것을 경험했다. 어쩔 수 없다. 이런 일들은.

그래도 극복할 방법은 있다. 뒤로 숨지 않고 당당히 앞으로 나아가는 것이다. 그렇게 멀어질 사람은 멀어지고 이해하고 가까워질 사람은 가까워진다. 나의 상황이 바뀌면 언제라도 돌아설 사람들에게는 미련을 두지 않기로 했다. 아주 쉽게 인간관계가 정리되는 걸 느꼈다. '오히려 잘 됐다'라고 생각했다. 그들과 시간을 공유하지 않아도 되어 오히려 시간을 낭비하지 않았다고, 생각을 정리하기로 한다.

문제는 아이와의 관계였다. 매일 보던 녀석을 매일 볼 수 없다는 건, 어쨌든 거리감이 생기는 일이었다. 아이와의 관계에 조금씩 균열이 생기는 것 같았다. 아이가 그때 엄마 아빠가 자신에게 한 번이라도 상의해 본 적이 있느냐고 물어본 일이 있다. 세상에 태어나서 그렇게 울어본 일도 처음이라는 말과 함께. 그리고 이혼하고 상대가 잘 살아주면 고마운 일인데, 우리는 그렇지 못했다. 그는 2년을 못 버텼다. 갑자기 기운 형편이 엄마나 아빠나 마찬가지여서 아이는 이중으로 고통스러웠을 거라고 짐작만 할 뿐이다. 내 상황이 엄중해서 아이의 아픔은 뒷전이었던 것 같다.

그러나 이혼이 아이에게 설명한다고 설명되는 일도 아니고, 가족회의를 통해 가부가 결정되는 사항도 아니기에 아이에게는 미안하지만, 성인이 되면 이해하지 않을까 생각했다. 너무 큰 상처를 준 관계는 한 번에 회복되지 않는다. 시간에 맡기고 천천히 서로를 이해하는 수밖에.

다행히 성인이 된 아이는 "그때 엄마는 할 만큼 했어"라고 말해준다. 그리고 지금의 나는 아이를 독립시키고 적게나마 경제적인 도움을 주고 있다. 지금은 그것밖에 해주지 못하고 있지만, 앞으로 조금 더 나아지리라 생각한다. 시간이 흘러야 해결되는 것도 있는 것 같다.

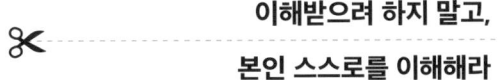
이해받으려 하지 말고, 본인 스스로를 이해해라

이혼에는 사족을 달지 않아도 된다고 생각한다. 나에게는 몇 가지 명료한 이유가 존재하지만, 타인을 설득한다는 것은 불가능하다고 생각한다.

누구나 왜 이혼을 했냐고 묻기는 한다. 그러나 설명한다고 해서 그들을 이해시킬 수 있을까? 내 상황을 아무리 잘 설명해도 온전히 이해하고 공감하게 하는 건 불가능할 것이다. 그들이 얼마나 공감할지는 완전히 미지수다. 아니, 더 정확히는 내가 수많은 시간을 들여 그간 어떤 일이 있었고 어떤 대우를 받았고 어떤 일을 당했는지 알린다고 해서 달라지는 게 있을까? 그러므로 그들을 이해시키려고 남은 힘을 소진할 필요는 없다. 그럴 여력도 남지 않은 상태에서는 지치고 힘들 뿐이다. 행복한 사람이 건네는 위로는 그저 인사말 같은 것으로 생각한다. 뭐 어쩌겠는가? 그들도 달리 위로할 말이 없는 상태이고, "그동안 힘들었구나" 정도가 최선의 답이 되는 것이 현실인 것을.

나는 내가 어떤 상황이어서 여기까지 왔는지를 말하며 타인을 이해시키려 노력하지 않는다. 위안이나 이해받으려는 노력도 일찌감치 접었다. 대신 내 안으로 들어가서 나라는 사람을 들여다보려고 노력한다.

어릴 적 처마 밑에서 비를 피하며 '인생은 무엇일까?'를 고민하던 때로 돌아가 본다. 내가 원한 삶은 무엇이었고, 내가 이루고 싶었던 꿈은 어떤 것이었고, 내가 하고 싶었던 일은 무엇인지를 생각해 본다. 20대의 나로도 돌아가 본다. 그리고 지금 원하는 나의 모습과 그 꿈을 이루어 나가는 미래의 나를 생각해 본다.

지금껏 어떻게 살아왔는지, 나의 일대기를 꼼꼼히 적어 본 일이 있다. 태어난 해부터 시작해서 한 해 한 해 '이때는 이런 일이 있었고, 이때는 이렇게 어려운 문제를 해결했구나' 하며 공들여 적었다. 그러고 나니 나를 조금 더 이해할 수 있었다. 어찌 보면 기구한 인생이고, 어찌 보면 축복받은 인생이었다. 어려운 일 다음에는 반드시 좋은 일이 시작되었고, 죽고 싶을 만큼 힘든 날들이 지나고 나면 너무 신이 나서 매일매일 행복한 노래를 부를 정도의 행운이 따랐다. 지금까지 내린 결정과 선택을 찬찬히 살피니, 비로소 앞으로 가야 할 길이 보이는 것 같았다. 한마디로 명료하게 나의 삶이 정리되었다. 조금은 유별난 인생이었지만, 나는 항상 나다운 결정을 내리고 그 결정에 책임지고 있었다.

모든 원인과 결과를 타인의 탓으로 돌리는 건 좋지 않은 습관 같다. 결혼도 내가 결정하고, 이혼도 내가 결정했으니 그 책임도 내가 지면 될 뿐. 나의 행위들에서 내가 빠지면 조금 비겁한 것이다.

그 사람도 결국 내가 선택한 것이다. 그것은 내 선택에 대한 책임이 나에게 있다는 뜻이다. '다시 그 시절로 돌아간다면 다시 그 사람을 선택할 것인가'를 자신에게 물어본 일이 있다. 내 대답은 '그를 선택했을 것'이었다. 위기를 일찍 알아차리고, 요령껏 그 위기를 모면해 살았으면 어땠을지 생각해 보지 않은 건 아니다. 그래도 결과는 같았을 것이다. 어차피 다른 선택을 했어도 그 결과에 따른 또 다른 선택을 해야 했을 것이고, 그것이 지금보다 나으리라는 보장은 없기 때문이다.

그래서 자신을 이해하는 게 중요한 것 같다. 원인과 결과가 타인에게 있지 않을 것이기 때문이다. 이혼도 일어날 수 있는 모든 경우의 수를 미리 따지며 심사숙고해서 결정했듯이, 내가 늘 어떤 결정을 내리고 어떻게 그 일에 책임을 진 것인지, 나를 들여다보면 앞으로 살아갈 날들도 어떤 선택을 할지 알게 된다. 나를 이해하는 것이 무엇보다 중요하다.

이혼에 있어서는 모두가 타인이다

　사람들은 모두 자기만의 경험이 있고 그 경험 내에서 타인을 이해한다. 가치 기준도 사람마다 다르고, 삶의 방식도 제각각이다. 각자의 신념대로 역경을 견디고 인내하며 분노한다. 그리고 그 방식은 각자의 경험치에 따라 아주 다른 양상으로 나타난다. 작은 일에도 참지 못하는 사람은 감정에 이끌려 흔들리고, 큰일에도 담대한 사람은 이성을 붙들고 흔들림이 없다.

　연애를 한 번이라도 해 본 사람은 연애 감정을 이해하지만, 평생 연애 한번 해 보지 않은 사람은 연애 감정을 이해하기 어렵다. 결혼해 본 사람은 결혼 생활을 이해하지만, 평생 싱글로 살아온 사람은 결혼 생활이 무엇이라는 걸 이해하지 못한다. 따라서 이혼도 해 본 사람이나 이해하지, 이혼해 보지 않은 사람은 이혼이 어떤 것인지를 완전히 이해할 수 없다. 책으로 무언가를 배우는 것과 현장에서 배우는 것이 전혀 다르듯이 말이다.

　그래서 이혼에서만큼은 누구도 당신 인생에 조언해 줄 수 없다고 생각한다. 결혼도 다 같은 결혼 생활이 아니고, 처한 상황도 사람마다 너무나 다르다. 일반적인 통계치로는 설명할 수 없는 게 많다. 이혼에 있어서 타인은 철저하게 타인인 이유다.

　사람들이 고민을 들어주고, 내 편이라는 암시를 주고, 힘내라고 이야기해 주어도 사실 그때뿐이다. 그것이 정말로 내게 힘을 주거나, 용기를 주거나, 문제를 해결해 주지는 못한다. 타인에게 떠밀려 결혼하지 않듯이, 이혼 또한 혼자 결정을 내려야 하는 아주 복잡하고 난해한 문제이기 때문이다.

　나는 대학 동기인 은희의 이혼 이야기를 듣고 그 마음을 헤아리기가 어려웠다. 은희는 유부남에, 아이까지 있는 사람과 모르고 결혼했다. 시댁도 은희를 속였다. 게다가 은희는 시어머니에게 돈까지 빌려드린 상황이었다. 자살 시도를 두 번이나 하고 정신병동에 입원해 거의 죽다가 살아났다고 했다. 나는 그런 은희의 상황을 듣기는 했지만, 얼마나 힘들었을지 가늠할 수가 없었다. 그 고통을 짐작만 할 뿐이지, 나는 결코 은희의 고통을 알 수 없다. 아이 한번 낳아 보지 않고, 조카를 통해 육아 고충을 느꼈다는 것과 별반 다르지 않은 이야기다. 어릴 때부터 같이 살며 업어 키운 예쁜 조카와 내 아이는 같지 않다. 이것은 내가 결혼하고 아이를 낳으면서 알게 된 사실이다. 조카는 여전히 사랑스럽지만, 자식을 향한 마음의 무게와는 결코 같을 수 없었다. 내 아이가 없던 시절엔 오직 사랑스러운 조카뿐이었는데, 막상 내 아이를 낳고 나니 이 아이의 삶의 시작부터 끝까지 책임져야 한다는 생각이 들면서, 말로 다할 수 없는 깊고 묵직한 감정이 밀려왔다. 가끔 몸 어딘가를 수술하고는 '아이를 낳는 고통'이라고 표현하는 남자들을 본다. 그러나 산고는 오로지 아이를 낳아본 여자만 알 수 있다. 이혼의 고통 또한 이혼해 보지 않은 사람은 알 수 없다.

　또 내가 아는 사람은 두 아들의 아버지다. 수년간 평탄하지 않은 결혼 생활을 지속하다 어느 날 아내가 바람이 나서 가출해 버렸다고 한다. 그래도 지인은 사업을 하면서 집에 와 아이들 밥을 챙기는, 부성애가 남다른 분인 데다 아내와 사랑은 없지만 어떻게든 가정은 지키고 싶어 한 분이었다. 그러나 결국 아내의 요구에 이혼을 했다. 그분이 어떤 심정이었을지 나는 잘 모른다. 이혼에는 정도의 차이가 있고, 처한 상황도 제각각이기 때문이다. 이혼에 관해서는 모두가 타인인 것이다.

그런데 이혼해 보지 않은 사람이 충고하는 경우가 더러 있다. 행복한 결혼 생활을 하는 사람들은 절대 이해할 수 없는 영역인데도 충고를 한다. 친구들, 지인들, 형제들 모두 서로 이해하라고, 먼저 양보하라고, 남자들은 다 그렇다고 했다. 이런 말들은 '원수도 사랑하라'라는 성경 구절과 같아 와닿지 않았다. 나는 성자가 아니라서, 원수에게 복수하지 말라는 정도는 이해할 수 있었으나 사랑하라는 말은 이해할 수 없었다.

그래서 비슷한 경험이 있는 사람들과의 대화가 편하다. 온전히 이해받을 수 없고, 정확히 그 아픔을 이해할 수는 없지만, 비슷한 과정을 겪었다는 공통점만으로도 마음이 편했다. 같은 처지에 놓인 타인이 행복한 지인보다 오히려 와닿는 경우라고 하겠다. 이혼에 있어서는 모두가 타인이다. 그래서 더 외로운지도 모르겠다.

현실적인 대안이 없을 때는 늦추는 것도 답이다

    내가 당장 나가서 집을 얻고, 생활비를 벌고, 얼마를 쓰고 얼마를 저축할 수 있는지, 배우자 없이 살아갈 삶이 어떤 것인지 구체적으로 그려보는 게 좋다고 생각한다. 특히 직업이 없는 여성이라면 직장부터 구하고 어느 정도 경력이 쌓였을 때 이혼하라고 말하고 싶다.

    나는 20년간 기획자로 일했기에 내게 취업은 그리 어려운 일이 아니라고 생각했다. 그러나 동종업계로 취업하고 싶지는 않았다. 알 만한 사람들은 우리 회사를 다 아는데 같은 분야로 이직한다는 건 자존심을 구기는 일이었다. 그렇다고 내 사업을 할 만큼 자산이 있지도 않았다. 그래서 당분간은 어떤 일이든 구직을 해 보기로 했다. 그런데 문제가 있었다. 면접을 가 보면 회사 대표가 나보다 어리거나, 내가 하고 싶지 않은 일이거나, 너무 멀었다. 제일 큰 걸림돌은 나이였다. 나이 때문에 제대로 된 직장을 구하기 힘들 거란 걸 알면서도 무작정 이혼했기에 고생은 불 보듯 뻔하기도 했다. 처음에는 남 밑에 들어가서 일하고 싶지 않은 마음에 힘들어도 독립적인 일을 찾았다. 불법적인 일, 나를 구속하는 일만 아니면 되었다. 그러나 현실적으로 그런 일은 많지 않았다. 취업이 되긴 했는데 대기 발령 상태로 있다가 취소가 되어 버리자, 나는 그냥 몸 쓰는 일을 선택했다. 골프장에서 경기보조원 일을 시작한 것이다.

다부지게 차부터 렌트했다. 교육을 받고 차로 100km를 오가며 일을 시작했다. 내가 누구이고, 어떤 일을 하던 사람이고, 어떤 사연이 있는지 전혀 이야기할 필요가 없어서 좋았던 것 같다. 정규 홀에서는 아는 사람을 만날 것 같아서 퍼블릭을 선택했다. 이전에 골프를 쳤기에 한 달도 되지 않아 정식으로 일하게 됐다. 일이 힘들지는 않았다. 사람들을 만나 페르소나처럼 상냥하게 서비스하면 되는 일이었고, 오히려 육체적 노동의 강도가 세지니 잡념이 들지 않았고 일하고 나면 피로에 곯아떨어졌다.

그 와중에 반려견인 대박이 산책은 꼬박꼬박 잘 시켰다. 36홀을 걸은 날에도 퇴근 후 대박이와 한강에서 3시간을 더 걸었다. 남들은 마음을 정리하고자 돈을 쓰며 그 힘한 산티아고 순례길도 걷는데, 나는 돈을 받으면서 순례길을 걷는 것으로 생각했다. 긍정도 이런 긍정이 없었다. 사람들의 텃세도 무리 없이 지나갔고, 친해진 사람들도 꽤 많았다. 그때는 그저 아무 일이라도 좋으니, 뭔가를 해야만 했던 것 같다. 머리는 생각으로 터질 듯이 복잡했고, 앞으로의 삶이 어떻게 전개될지 불안한 마음이 떠나질 않았다. 차라리 모든 게 힘들 때는 드라마〈나의 해방일지〉의 구 씨처럼 나를 드러내지 않고, 그저 일만 묵묵히 하면서 천천히 나에 대해 생각해 보는 것도 좋은 일인 듯하다.

돈을 많이 벌겠다는 생각은 애초에 없었다. 그럴 생각이었다면 일터 근처로 이사했을 텐데, 그렇게 하지 않고 매일매일 100km를 오갔다. 겨우 8개월을 일했지만, 정신적으로 안정을 찾아가고, 일상을 견디기 좋은 시기였다. 암 수술 선고를 받기 전까지는 말이다. 생각해 보면 빚을 진 채 무작정 이혼해 독립을 시작했으니 참으로 대책 없는 삶이기도 했다.

나는 그렇게 그 시간을 맨몸으로 견뎠지만, 누군가가 이런 결정을 한다면 실은 말리고 싶다. 직업 정도는 구하고 이혼하라고 말하고 싶다. 대안 없이 무모하게 이혼하면 엄청난 고생이 기다리고 있다. 태어나서 한 번도 해 보지 않은 육체적 노동과 주방 이모와 청소 도우미 같은 시급 아르바이트가 기다리고 있다. 물론, 내 경우 육체노동이 정신적인 편안함을 가져다주긴 했다. 지금 생각해도 그 일들이 싫거나 힘들지 않아서 신기하다. 나는 지위에 따라 사람을 차별하지 않고, 함께 일하는 사람들에게도 편견이 없다. 내가 무슨 일을 한다고 해도 나는 나이고, 내 정체성이 달라지는 것도 아니라고 생각한다. 그래서 나는 이후로도 생활이 권태로워지거나, 잡념이 많아지면 시급 아르바이트를 찾아 일했다.

다만, 사람이 살다 보면 어떤 나락으로 떨어질지 모른다. 최소한의 대비가 필요한 이유다. 너무 몸을 혹사하지 않는 선에서 일하기를 바란다. 나는 이렇게 육체노동을 하며 정신적 안정을 찾아갔지만, 다른 이는 어떻게 견디는지 알 수 없다. 그 방법은 사람마다 다를 것이다. 물론 대안을 찾고 안전장치를 마련해 놓아도 안전하지 않은 게 인생이라고 생각한다. 최소한의 준비를 하지 않았다면 이혼을 몇 년 미루는 것도 나쁘지 않다. 맨몸으로 살아봤는데, 너무 힘들었다.

나는 언제까지 젊지 않다

　인생 100세라고들 하지만 회사에서는 50대가 되면 정년이라며 슬슬 내보낼 궁리를 한다. 나 역시 이혼 후 같은 불안과 고민에 시달렸다. 하지만 이런 감정은 지극히 자연스러운 감정이라고 생각한다. 삶의 큰 전환점에서는 매번 흔들릴 수밖에 없다. 특히 경제적으로 여유가 없고 미래가 막막한 경우에는 그 고민이 아주 깊다. 또 50대는 여전히 많은 가능성을 품고 있지만, 너무나 불리한 입장에 놓인 때이기도 하다. 경제적 안정이 과연 가능할까? 가능할지 아닐지 모르겠지만 넋 놓고 있을 수만은 없지 않은가?

　우선 재정 상태를 살펴보고 빚부터 정리했다. 남편이 떠넘긴 빚이 내 몫으로 남았다는 현실을 받아들이고 해결책을 찾는 데 집중했다. 신용 내용을 확인하고 채무를 조정하며 재정 계획을 다시 세웠다. 최소한의 보험은 남겨두고 이곳저곳에 붓던 보험을 해지해 빚을 갚았다. 아르바이트와 프리랜서 일을 병행하며 지출을 관리했다. 그러다 보니 직업이 세 개나 되었다. 불필요한 소비를 하나씩 줄여나가니 그제야 한 달에 얼마를 지출하고 얼마를 벌어야 하는지가 확연하게 보였다.

　쌓이는 모든 스트레스는 대박이와의 산책을 통해 많은 부분

해소했다. 나만의 속도로, 나만의 방법으로 서서히 자존감이 회복되는 것을 느꼈다. 조금씩 뻔뻔스러워진다고도 느꼈다. 고객 앞에서 스스럼없이 말하고 농담도 제법 잘하는 대범한 사람처럼 보이기도 했다.

새로운 기술을 배우고, 교육을 듣고, 자격증을 따면서 공부하는 습관을 들였다. 그리고 혼자서는 못할 것 같아 엄두도 못 냈던 사업도 시작했다. 1인 사업자 법인을 낸 것이다. 비록 규모는 작았지만 내 이름으로 만든 첫 회사였다. 결국, 중요한 건 지금 나에게 가장 필요한 것이 무엇인지를 확인하고, 현재를 점검해 목표를 설정한 다음, 하나하나 이루는 것이다. 그리고 한 걸음씩 뚜벅뚜벅 나아가는 것이다.

50대? 어정쩡한 나이이다. 명예퇴직할 나이이기도 하고 새로 사업을 시작하기엔 불안한 나이다. 그러나 오히려 뭔가를 시작하기에 무리가 없는 나이라고 생각한다. 아직은 팔다리가 멀쩡하기 때문이다.

문제는 '조급함'인 것 같다. 가진 게 별로 없고, 도와줄 사람이 없다는 게 늘 사람을 조급하게 만든다. 그래서 답답하고 아득할 때가 있지만, 또 달리 벗어날 방법이 없는 것도 현실이다. 나는 그 불안함을 다 해결할 수는 없지만, 희망의 끈을 끝까지 놓지 말아야 한다고 생각한다. 평소 비판적 사고를 하지만, 세상을 비관적으로만 보거나 부정적으로 보진 않는다. 그것은 아마도 그동안 내가 살면서 이루었던 많은 성공 경험 때문일 것이다. 인생에 기적처럼 다가와 주었던 행운도 있었고, 나를 도와준 귀인도 있었다. 그다지 노력한 것도 없는데 행복한 일들이 연달아 일어난 적도 있었다. 무엇보다 정말 진지하게 노력하면서 상황을 바꾸었던 수많은 기억이 있다. 그러한 경험이 자산이라고 생각하는 사람이어서 될 때까지 해 보는 수밖에 달리 방법이 없다고 생각했다.

언제까지나 젊지는 않지만, 몸이 마음처럼 따라 주지 않아 슬픈 날도 오겠지만, 그래도 삶이 다하는 날까지 열심히 살아가야 한다고 생각한다. 인생 후반이 정말로 얼마 남지 않았기에 더 그러하다.

자식은 방패막이가 될 수 없다

부모가 자기 삶을 책임지고 자신을 사랑하며 살아가는 모습을 보이면, 자식도 자연스럽게 자기 삶을 개척하며 자신을 사랑하며 산다. 부모가 어떤 상황에서도 끈질기게 살아내는 걸 본 아이들은 자립의 필요성과 독립의 중요성을 알게 된다고 생각한다. 그만큼 부모가 살아가는 방식이 자식에게 가장 큰 영향을 미친다는 점을 기억해야 한다. 자식은 키워보면 안다. 아이는 커갈수록 내 품을 떠난다. 그러고는 더는 부모의 도움을 필요치 않게 되고, 내가 그랬듯이 아이도 자기만의 세상으로 나아간다.

부모는 아이가 처음 걸음마를 하고 말을 할 때 신기하고 대견해한다. 그리고 시간이 지나면 아이가 조금씩 자신의 길을 찾고 독립적인 존재로 성장하는 모습을 본다. 이 과정은 부모에게 자랑스러운 감정과 동시에 복잡한 감정을 안겨준다. 자식이 더는 나의 보호 아래에서 살아가기를 원치 않는 것이 때론 섭섭하기 때문이다.

또 부모로서의 고민 중 하나는 자식에게 경제적인 부담을 지우는 것이다. 내가 경제적으로 여유가 없다면 자식에게 의존하는 게 두려운 일이 된다. 또 자식이 경제적 독립을 이루기도 전에 의지해야 한다면, 자식은 경제적 부담과 함께 관계의 부담을 느낄 것이다. 하지만 자식에게 부담 주지 않으면서 그들을 사랑하고 응원할 방법은 분명히 존재한다. 부모가 할 수 있는 가장 중요한 일은 자기 자신을 믿고 살아가는 모습을 보여주는 것이다. 그리고 그 과정에서 서로에 대한 기대를 줄이는 것이다.

자식에게 지나치게 기대하지 않고, 자식도 부모에게 큰 기대를 하지 않는 것. 자식이 어른으로 성장하고 있다는 것을 인정하고 자신의 문제를 스스로 해결할 수 있도록 기회를 주는 것이 독립적인 인간으로 키우는 방법이라고 생각한다. 나서서 자식의 문제를 해결해 주는 부모였다면, 이제는 아이 스스로 할 수 있게끔 기다려 주어야 한다. 그리고 그 안에는 조건 없는 사랑이 있어야 한다. "실패해도 괜찮고, 실수해도 괜찮다", "네가 최선을 다했으면 그걸로 충분하다"라는 말을 전하며 아이가 한 선택과 책임을 존중해야 한다.

그런데 간혹, 남편을 잡기 위해 또는 아내를 잡기 위해 아이를 동원하는 부모가 있다. 이건 옳지 않은 것 같다. 아이는 늘 부모를 떠날 생각을 하는 인격체이므로 소유물처럼 여기는 건 잘못이다. 부부 사이의 균열은 때가 되면, 파편으로 흩어진다. 아이를 방패막이로 삼을 수는 없다.

내가 아는 어떤 이는 남편의 오랜 외도를 어렵게 용서했다. 이혼하면 아빠를 평생 보지 않겠다는 아이의 말 때문이었다. 그 말에 남편은 다시 가정으로 돌아왔다. 그러나 사실 이 부부는 관계 회복이 어려운 사이다. 표면적으로는 한 가족이지만 안으로는 깊은 상처와 아픔이 있는 상태다. 아내를 사랑하지 않아 외도한 남편은 아이가 견디라고 내준 숙제에 참고 있는 것이고, 아내는 전업주부여서 남편을 끝까지 잡고 있어야 생계를 유지할 수 있는 것이다. 이미 깨진 관계이고, 용서한다고 해서 정말 용서가 되는 것도 아니거니와 다시 예전으로 돌아가 남편을 사랑하기는 어려울 것이다. 어차피 성장해서 떠날 아이가 부부의 방패막이로 평생 남을 수도 없는 노릇이다. 차라리 각자 자기 삶을 책임지고, 자신의 행복을 찾아가는 것이 서로에게 홀가분할 것 같은데, 그들의 선택이니 존중하기로 한다. 지나치게 이혼을 두려워하는 보수적인 사람들일 수도 있고, 타인의 시선이 우선인 사람들일 수도 있으니 말이다.

부모와 자식 사이에도 독립성은 존재한다. 자식은 품 안에 있을 때나 자식이지, 때가 되면 반드시 부모의 품을 떠난다. 자식이 내 품을 떠난 이후의 삶을 생각하면, 부모도 스스로 행복을 찾을 시간을 희생하고 있는 게 아닌가 싶다. 부모의 몫은 다 했을지 몰라도 자기 자신의 행복에 대한 몫은 줄어들어 불행하다. 자식은 방패막이가 될 수 없다. 나중엔 오롯이 둘만 남게 된다.

관계 회복이 가능한 때가 있고 가능하지 않을 때가 있다

외면하고 대화하지 않아도 꼬박꼬박 집에 들어오고 나간다면 사실 희망이 있는 때다. 내가 먼저 마음을 열고 대화라는 걸 한번 시도해 볼 수는 있으니까.

TV 프로그램에 나오는 이혼을 앞둔 부부들도 싸울지언정 대화는 하는 사람들이다. 상황은 모두 달라도 가능성은 있다. 또 객관적으로 그 사실을 바라보고 중재해 줄 누군가가 있다면 관계가 회복될 가능성은 더 커진다. "상대가 이해를 못 한다"; "소통이 안 된다"; "말해도 소용이 없다"; "내 말은 들어주지 않고 자기 방식대로만 이야기한다"라고 하는 것은 그래도 노력한 결과이며, 아직 희망을 놓지 않았다는 항변이기도 하다.

부부 중에는 서로 욕하고, 고성을 지르고, 폭력을 행사하고, 한평생 서로를 원망하면서도 헤어지지 않고 함께 사는 사람이 있다. 또 습관처럼 싸우고, 습관처럼 무시하면서도 결코 헤어지지 않는 사람도 있다. 그러나 어떤 부부는 물리적 폭력이나 언어폭력이 오간 적이 없는데도 조용히 이혼한다. 정서적 폭력을 당했기 때문이다. 꼭 손으로 말로 때려야 아픈 게 아니다. 정서적 폭력은 더 뼈 아프고, 자존감을 나락으로 떨어뜨린다. 이런 경우는 관계 회복의 가능성이 전혀 없다고 봐야 한다. 또 사람은 저마다 다르므로, 어떤 이는 어느 정도 용인하고 감내하는 일에 어떤 이는 전혀 용납할 수 없기도 하다. 모멸감을 느끼는 크기는 개인마다 다르다.

나는 그가 눈앞에서 차에 치인다고 해도 멍하니 보고 있을 것 같다는 생각이 든 적이 있다. 또 우연히 길 건너편을 지나가는 그를 타인처럼 보고 있던 순간이 있었다. 한집에 사는 사람이고, 내 아이의 아빠인데도 그랬다. 외박해도 아무 말 하지 않았다. 그 무엇을 해도 한마디 물어보지 않았다. 아이 문제도 상의하지 않았다. 그렇게 1년 동안 아무 말도 하지 않았다. 이미 그와의 대화가 의미 없고 가치 없다는 것을 알아차린 상태였던 것 같다. 그렇게 그는 트렁크에 짐을 싸서 집을 나갔고, 정확히 1년 후에 이혼했다. 그래서 상대에게 나쁜 말, 모욕적인 말이라도 하고 있다면 조금 더 노력해 보라고 말하고 싶다. 어떤 순간이 지나면 모든 대화를 차단하는 날이 오고, 그 사람이 어디에 가서 죽었다는 연락이 와도 눈물 한 방울 흘리지 않을 것 같은 독한 내가 되어 있는 날이 온다. 나를 전혀 모르는 타인과는 서로 실례를 범하지 않듯이, 상대와도 철저하게 타인으로 돌아서는 시간이 온다. 그것은 별거이기도 하고, 이혼의 수순이기도 하다.

✂ 이혼소송! 법의 도움을 얻는 방법

　이혼은 법원에 등록된 가족관계 기록을 다시 쓰는 일이다. 그래서 협의이혼이든 소송을 통한 이혼이든 상당한 시일이 걸리는 게 사실이다. 나는 서로 나눌 재산이 없고 상대의 귀책 사유가 커서 3개월 만에 협의이혼으로 끝맺을 수 있었지만, 대부분은 재산 분할과 양육, 양육비 등과 관련한 타협이 쉽지 않아 짧으면 6개월, 보통은 1년, 길면 3년도 걸린다. 물론 협의이혼도 쉽지는 않다. 재산 분할과 양육 등에 관한 책임 소재를 놓고 협의 자체가 불가능한 경우가 많기 때문이다. 감정적인 싸움은 물론이고 격앙되어 큰 사건으로 번져 수습할 수 없는 사태에 이르기도 한다. 뉴스에 보도되는 형사사건이 남 일이라는 법이 없다.

　그러나 내가 원하는 게 상대방의 잘잘못을 밝히는 게 아니라 빠른 이혼이라면 재판상 이혼의 전 단계에 해당하는 '조정이혼'을 통해 3~4개월 만에, 혹은 6개월 만에도 끝낼 수 있다. 나는 손해를 보더라도 이혼은 빨리하는 게 좋다고 생각하는 쪽이다. 재판 공방으로 인한 심적, 물리적 손해가 상상 이상으로 크기 때문이다.

이혼소송을 한다면 이미 감정적으로 지치고 힘든 상태겠지만, 나름의 이성적인 전략을 세우는 것이 중요하다. 특히 법률 전문가를 만난다면 그전에 객관적인 사실들을 정리해 두는 게 좋다. 몇 년 또는 수십 년의 이야기를 구구절절 설명하다 보면 논리적이지 않을 수 있기 때문이다. 또 판결에 결정적인 역할을 할 증거나 사실 입증이 불분명하면 돈은 돈대로 쓰고 원하는 결과는 얻지 못할 확률이 높다. 변호사는 객관적인 증거와 자료를 통해 재판을 돕는 사람이지 내 이야기를 들어주는 상담가가 아니다.

그리고 여러 명의 변호사를 만나보길 권한다. 나와 합이 잘 맞는 법률 전문가를 찾는 게 중요하다. 내가 아는 분은 10명의 변호사를 만나 유료로 상담하고, 수임료가 높더라도 대리 출석과 이혼 관련 형사 등 다양한 문제를 법률적으로 다루는 변호사를 선임해 예상보다 빠르게 승소했다.

사실 이혼 재판에서 불법과 합법에 관한 법리적 판단에서는 내 감정에 휩쓸리는 것을 조심해야 한다. 감정적으로 제시한 자료나 행동이 도리어 칼이 되어 나를 공격할 수 있다. 예를 들어, 상대방의 외도 증거를 위법한 방법(몰래카메라 설치, 녹화, 동의 없는 녹취 등)으로 수집해 공개한다면 그 증거는 효력이 없거니와, 오히려 형사고소를 당할 수 있다. 형사고소 취하를 위해 불리한 합의를 하는 사례도 있다. 배우자의 외도 사실을 가족 등 주변 사람에게 알리는 것도 명예훼손에 해당한다. 이 때문에 형사소송이 진행된 사례도 있다. 그러므로 감정에 사로잡힌 내가 할 수 없는 냉철한 판단은 수임한 변호사에게 최대한 맡기고, 판결에 인용되고 인정받을 수 있는 증거 수집부터 변론기일 등 출석 시 전달하는 말 한마디까지(심지어 출석이 요구되는 경우, 변호인이 대리로 출석할 수도 있다) 논리와 이성으로 대응해서 법정에서 불리하지 않도록 할 필요가 있다. 민사인 상간자 소송 등을 통해 손해배상을 받았다고 한들 다른 소송에서 패소한다면 결국 만신창이가 된 나만 남을 수 있다.

법정은 법적으로 판단해 주는 곳이지 나의 목소리를 들어주는 곳이 아니다. 그들에게 나의 사건은 빨리 판결해야 하는 수만 가지 사건 중 하나에 지나지 않는다. 드라마에 나오는 카타르시스, 통쾌함을 기대하고 법정에 출석한다면 이 세상의 정의가 왜 내 생각처럼 명백히 밝혀지지 않는지, 상대와 그 대리인들이 얼마나 황당한 주장을 펼치는지만 보게 될 것이다. 감정적 괴로움이 오히려 커지는 곳이 바로 법정이다.

이혼법, 가사법, 형사법 그 외 무수히 많은 법은 전문가가 아니면 잘 알 수 없다. 내가 전문가가 아니라면 내 목소리를 효과적으로 내줄 수 있는 대리인을 통해 법정에 전달해야 한다. 판사가 제대로 판단할 수 있도록 전달하는 게 중요하다. 그리고 내 목소리는 제시된 증거와 진술을 통해 원하는 대로 전달하는 게 바람직하다.

재판까지 가지 않고 조정이혼이라는 방법을 활용하는 것이 오히려 상처를 덜 받는 일인지도 모르겠다. 서로 신뢰가 깨진 상태에서 재판까지 가 시간을 끌 일이 아니라고 판단되면, 변호사들은 조정이혼이라는 방법을 제시한다. 재판은 아무리 빨라도 수개월이 걸리지만, 조정이혼은 대체로 빠른 편이고 협의이혼에서 발생할 수 있는 이행에 대한 부분을 강제할 수 있어 오히려 유리할 수 있다. 특히, 가장 큰 쟁점인 재산 분할과 양육비 관련해서는 내가 원하는 만큼의 결과에 이르기까지 상당한 시간이 소요될 수 있으므로, 이 부분은 '현실적인 전략'으로 접근하길 권한다.

재산 분할은 내 생각과 다를 수 있다. 내가 원하는 만큼 안 될 수도 있다는 점을 인지하고 소송에 임해야 한다. 기존의 판례를 뒤집기란 매우 어려운 일이어서 현실적으로 타협해야 하는 경우가 많다. 대표적인 것이 재산 기여도에 대한 인정과 분할 비율 등이다. 상대의 귀책 사유가 매우 커서 혼인 관계 파탄의 원인이 상대에게 있더라도 법원은 짧거나 길게 함께 산 세월을 두고 냉정하게 판단한다. 5:5에서 출발해 4:6, 6:4 선에서 등락하는 경우가 대부분이다. 이 부분에 대해서는 무수히 많은 이혼소송을 진행해본 변호사와 현실적인 방향을 세워 합의를 위해 한 걸음이라도 걷는 것이 현명한 선택이다.

양육비 부분도 아이들의 권리를 지켜주기 위한, 다소 현실적인 접근이 필요하다. 귀책에 따르는 책임만큼 양육비를 요구하고 강제할 수 있으면 좋겠지만, 실상은 그렇지 못하기 때문이다.

소송을 통해 양육비 지급을 약속받아도 이런저런 이유로 지급을 지연하거나 거부하기도 하고, 꾸준히 이행하지 않기도 하는 게 다반사다.

혹시라도 단순히 보상을 많이 받기 위해 또는 혼인 관계 때 수준의 경제적 대우를 받을 목적으로 양육비 문제를 다툰다면, 이혼은 요원해지고 상처받은 아이들에게 집중해야 할 시간과 에너지를 뺏길 수 있다. 이 부분은 주변 사람들의 이야기보다는 이혼소송을 많이 경험한 변호사의 조언이 정확한 경우가 많으니 현실적인 마지노선을 정하고 쟁점을 빨리 합의해 끝내도록 하자. 합당하다고 생각하는 정도의 양육비가 판결되어도 실제로 계좌에 입금되고 꾸준히 이행되는 것은 별개의 일이다.

이 지루한 싸움에서 법은 내 편이 아니라 모두의 편에 서 있다는 사실을 명심하자. 나의 세상에서는 나의 이혼이 대단히 중요한 사건이지만, 법은 나와 내 아이를 위해 존재하는 게 아니고 모두를 위해 존재한다. 그래서 법을 통해 이혼이라는 결과를 얻더라도 그 과정은 순탄하거나 정의롭지 않을 수 있다. 이혼소송을 통해 뜻하는 대로 이룬 경우는 매우 드물다. 나에게는 너무나 명백한 증거와 이유가 증명이 잘 안되어 법정에서는 인정받지 못하거나, 상대로 인해 내가 원하는 판결을 받지 못하기도 한다. 또 기나긴 소송 끝에 얻은 판결도 내가 진심으로 원했던 결과인가를 생각해 보면 그렇지 않기도 하다. 법원이 내린 이성적 판단에서 위안을 얻을 수 없다는 점을 인정해야 한다.

이혼이 완료된 이후에는 가족관계증명서에 상대의 이름이 지워진다. 그러나 그것이 두 사람의 좋았던 시절과 아이와의 행복했던 시절까지 부정하는 것이 아니라는 걸 마음에 단단히 새겨야 한다.

홀로선 하나의 인간임을 법적으로 인정받기까지 지난한 시간이 걸렸으니, 이젠 아이와 어떻게 하면 행복하게 지낼 수 있는지를 생각한다. 나도 이 부분에 대해서는 울컥하지 않을 수가 없다. 고통과 상처를 입고, 마음을 다친 사람들에게 따뜻한 마음을 전하고 싶다. 힘들어도 너무 힘든 일이었을 것이다. 이혼소송은 길어지면 길어질수록 아이도 고통스럽고 혼란스럽다. 그러므로 경제적 손해를 감수하더라도 이혼하고자 했을 땐 빠르게 이혼하는 게 좋다. 중요한 것은 '아이와 나 자신'이다. 아이와 나를 조금만 다치게 하자. 돈보단 그것이 더 소중하고 중요한 사항이다. 그리고 이혼은 끝이 아니라 '새로운 시작을 위한 첫걸음'이라는 것을 명심하자.

이혼이 자랑이냐는
비아냥의 시선에 관해

✂ **이혼이 자랑이냐?**

"이혼이 무슨 자랑이라고 글까지 쓰니?" 내가 이 책을 쓴다고 했을 때 가장 많이 들었던 말이다. 그리고 '이혼이 무슨 자랑'이냐는 말에는 당신은 패배자이고, 어딘가 모자란 사람이며, 가정을 해체하는 건 옳지 못하다는 의미가 담겨 있다.

사람들은 이혼으로 인해 정신과에 다닐 만큼 큰 상처를 받은 나에게는 사실 관심이 없었다. 이혼한 것을 숨기라고만 했다. '숨기고, 감추고, 드러내지 마라. 약점을 노출해 봤자 너만 손해다'라는 관념에 갇혀 있는 사람들이 내 지인이고 가족이고 형제였다.

너만 손해? 그렇다면 구체적으로 그 손해는 무엇일까? 그들이 말하는 손해란, 남편이라는 울타리가 없고 빚까지 떠안은 빈털터리에, 나이 많고 별 능력 없는 네가 얻을 게 없다는 뜻이다. 실제로 나는 잘 아는 사람들에게 이런 조언을 들었고, 오히려 나를 잘 모르는 사람들에게 격려와 축하를 받았다.

　이런 솔직함을 드러냈을 때 비난받을 수 있다는 생각을 아예 안 한 건 아니다. 그러나 요즘 세상에는 천사도 욕을 먹는다. 선량하고 삶의 본보기가 되는 사람에게도 욕하는 사람은 꼭 있다. 그 심리는 정말 알 수 없지만, 그냥 내지르고 욕하고 보는 사람까지 이해할 생각은 없었다. 그들은 내가 뭘 해도 욕을 할 테니 말이다. 그리고 그들은 어차피 나를 모르는 남이다. 세상 모든 사람에게 이해받을 수는 없다.

　그래도 진정한 친구 몇몇은 그동안 너무 고생했다고, 그 마음을 잘 안다면서 다독여 주기도 했다. 세상에는 당신이 하는 일이라면 무조건 옳다며 당신의 결정에 박수를 보내는 친구도 있는 것이다. 어려운 때에 어떤 이는 나에게 무한 긍정의 힘을 주었고, 어떤 이는 끝도 없이 부정적인 스탠스를 취했다. 그 둘 사이에서 나의 선택은 당연하게도 긍정적인 힘을 주는 사람들이었다. 공감하고 이해해 주는 사람들, 고생했다며 하염없이 토닥여 주는 사람들. 무조건 내 편이라고 내 결정에 박수를 보내는 친구들이 옆에 있어 얼마나 든든하던지.

　너무 힘들어서 지푸라기라도 잡고 싶은 심정을 안다. '너는 좋은 사람'이라는 그 한마디가 포기하고 싶은 마음을 일으킨다는 것을 안다. 긍정의 말은 곧 단단한 힘이 되어 돌아온다. 세상의 비아냥거리는 말들을 왜 모르겠는가? 아무리 에둘러 말해도 다 알아듣는다. 무엇을 비난하고자 하는지도 안다. 어쩌면 당신이 맞고 내가 틀릴 수도 있다. 그러나 내가 맞고 당신이 틀릴 수도 있다. 그러므로 내 인생은 내 몫으로 내가 살면 되는 것이고, 그들은 그들 몫으로 그저 열심히 살면 될 뿐이다.

욕먹을 것을 뻔히 알면서도 글을 쓰는 이유는 이혼은 생각보다 무섭지 않고, 생각보다 많은 사람이 선택한다는 것을 알려주고 싶어서이다. 당신의 잘못이 아니니, 너무 힘겨워하지 말라고 이야기하고 싶다. 이혼도 인생에서 지나가는 하나의 과정에 불과하다고, 극복해야 할 대상이지 절망의 대상은 아니라는 이야기를 하고 싶었다.

이혼은 자랑이다

이혼이 자랑은 아니지만 그렇다고 치부도 아니라고 말하고 싶다. 이혼을 비아냥대는 사람 중에는 참고 살면서 "나처럼 살아 봤냐"라며 타인의 힘든 결혼 생활을 별거 아닌 것처럼 말하는 사람도 있다. 그의 인생 경험과 나의 인생 경험이 다른데도 자기 말이 절대적 답인 것처럼 말한다. 가끔 방송에서 온갖 부조리한 일들을 다 참고 이혼하지 않은 걸 자랑하는 사람을 본다. 그러나 그건 결코 자랑거리가 되지 못한다. 자식을 방패막이로 삼아 독립적인 인간으로 살아오지 못했다는 이야기이기도 하고, 그 정도는 견딜 수 있어서 견딘 것이지 무용담은 아니라고 생각한다. 그 수모를 다 겪으면서 귀책 사유로 똘똘 뭉친 남편과 이혼하지 않았다는 게 자랑인 일일까? 그들은 어디 열녀문이라도 세워 드려야 할 것 같은 태세로 자기 자신을 합리화하기에 바쁘다. 물론, 그 시절과 지금은 다르고 인간적으로 안쓰러운 부분은 있다. 그래도 21세기에는 자랑할 일이 아닌 것 같다. 그것은 그저 그 사람의 선택이었을 뿐이다.

나는 이혼은 아무나 하는 게 아니라고 생각한다. 이혼은 내 삶을 내 힘으로 개척해서 살겠다는 강력한 용기라고 말하고 싶다. 독립적이지 못한 사람은 결코 이혼하지 못한다. 스스로 삶을 책임지겠다는 의지가 없는 사람도 이혼하지 못한다. 이미 사랑이 없고, 의무감에 살고, 하루하루가 지옥인데도 온 영혼을 갈아 넣어 참고 또 참는 것(심지어 그 인내를 대단하다고 여기는 것)은 자기합리화의 방법일 뿐이지, 행복해지는 방법은 아니다.

사람을 바꾸겠다는 것도 일종의 오만일 수 있다. 내가 옳고 네가 틀렸다는. 그 바뀌지 않은 사람을 내내 비난하고 무시하며 살면서도, 이 삶을 재해석하지 않고 주저하는 것은 혼자 살 용기가 없어서가 아닐까? 이혼은 때에 따라, 비난받을 일이 아니라 칭찬받을 일이 되기도 한다. 절망보다는 희망을 선택한 것이고, 자기 힘으로 자신을 책임지는 일이기 때문이다. 새로운 출발을 할 결심에 박수를 보내는 게 맞지 않을까? 결코, 가벼워서 이혼하는 게 아니다. 힘든 결정 후 용기 내어 출발하는 사람에게 잘 뛰라는 응원을 해주지는 못해도, 비난은 하지 말아야 한다. 이혼은 다시 인생을 새롭게 출발해 보겠다는 엄청난 용기인 것이다.

삶은 비교우위가 아니다

　결혼해서 누구보다 행복하게 사는 사람들은 축복받은 생을 사는 것이다. 그러나 어쩔 수 없이 이혼한 사람들과 비교하며 내 삶이 더 낫다고 할 필요는 없을 것 같다. 삶에는 비교우위가 없기 때문이다. 이혼했다고 실패한 삶도 아니고, 결혼 생활을 유지한다고 해서 성공한 삶도 아니다. 타인의 시선보다 중요한 건 나의 행복이다. 그리고 그 행복의 척도는 나 자신에게 있다. 타인과 나는 개별적인 존재이므로, 서로 비교 대상이 아니다. 그런데 왜 사람들은 타인과 비교하며 남보다 앞서가야 더 잘 산다고 착각하는 것일까? 그렇게 하면 우월해지는가?

　이혼을 비극이라고 여기고 한 배우자와 평생을 사는 것이 삶의 유일한 행복이라는 논리도 맞지 않는다. 모든 이벤트는 개별적 선상에서 평가되어야 한다. 이런 삶도 있고, 저런 삶도 있는 것이다. 결혼식장에 들어가면서 내가 이혼하리라 생각하는 사람이 없듯이, 이혼은 예상할 수 없는 일이다. 또 이혼해서 행복해질 수도 있고, 결혼 생활이 늘 불행한 게 아니었을 수도 있다. 각자 다른 상황 속에서 최선을 다해서 살면 그만인 것이다.

　그러니, 이혼이라는 아픔을 겪은 사람에게 너무도 차가운 시선을 던지지 않길 바란다. 그리되고 싶어 그리된 게 아니다. 이혼을 요구하든 이혼을 당하든 그들 모두에게는 씻을 수 없는 상흔으로 남은 아픔이다. 차별적인 시선으로 최소한 돌은 던지지 말아야 한다고 생각한다. 그들도 당신과 똑같은 마음으로 결혼식장에 걸어 들어간 사람들이다. 그리고 지금 불행하지 않을 수도 있다.

행복함에 있어 그 정도를 비교할 수 있을까? 우리는 행복에 관해 논하면서 가난함과 부유함을 곧잘 비교하고는 한다. 그러나 사실 가난함과 부유함에서 오는 행복은 객관화하기가 어렵다. 누구는 추운 날 대중교통으로 출퇴근하면서 어묵 하나 먹는 것에도 행복함을 느끼지만, 누구는 추운 날 자가용으로 출퇴근하면서 "이놈의 교통체증!" 하며 짜증을 내기도 하기 때문이다. 차가 있으면 행복한가? 아파트가 있으면 행복한가? 돈이 많으면 행복한가? 당연히 돈이 많으면 편리함과 만족감을 느낄 가능성이 크지만, 그것은 진정한 행복을 느끼는 것과는 아주 다른 개념이다. 나는 다 가져 보기도 했고, 다 잃어 보기도 했다. 그렇게 얻다가도 잃어 보고, 잃다가도 다시 얻어 보니, 삶을 바라보는 관점이 많이 달라지긴 했다. 현재의 행복이 중요하고, 현재의 내가 무엇을 하느냐가 중요하고, 현재의 내가 누구를 사랑하느냐가 중요하다는 생각이다. 삶에는 비교우위가 없다.

이혼이 이기적이라는 당신 생각에

　나는 20년간 결혼 생활을 지속했다. 만 20년의 결혼 생활, 그 긴 결혼 생활 에피소드를 줄줄이 나열할 생각은 없다. 어떻게든 살아왔고 견뎠으나, 그것은 개인의 사정일 뿐 그리 큰 이슈가 되지 못한다. 아이가 있는 부모가 다 그렇듯이 아이를 두고 이혼하는 것은 결코 쉬운 일이 아니다. 나도 꽤 긴 시간을 망설였고 상처 주지 않기 위해 노력했다. 진작에 끝내야 했을 결혼 생활이 20년까지 길어진 이유이기도 하다.

　아이가 5살이 되었을 때 처음 이혼을 생각했다. 그러나 아이가 너무 어려서 이혼을 보류했다. 다들 그렇듯, 자식이 먼저였다. 대화와 타협으로 서로에게 맞춰가는 노력을 했던 시기이긴 했다. 최악은 면하고자 하는 마음이 강했다. 그러나 결과적으로 나와 남편은 지향점이 달랐던 것 같다. 그의 생각과 나의 생각은 맞지 않았다. 좀처럼 타협이 되지 않았고 이 때문에 재산상 손해가 극심해지고 생계가 위협받기 시작했다. 사업하다 실패하면, 특히 가장이 실패하면 이는 곧 경제적 타격으로 이어진다. 가족 모두가 힘들어진다. 사업 실패를 두고 사람들은 말했다. 왜 적극적으로 말리지 않았느냐고. 그러나 적극적으로 말려서 사이가 틀어진 것이다.

　나는 이혼하고 나서 양육비를 준다는 이야기를 믿지 않는다. 아직도 우리나라의 양육비 지급률은 30% 정도밖에 되지 않는다. 여성이 혼자 아이를 키우며 생존하기에는 사회적으로 경제적으로 녹록지 않다는 걸 안다. 그래서 나는 아이가 어느 정도 성장할 때까지 기다리기로 했다. 나의 행복을 유보한 것이다. 그리고 그것은 그만한 가치가 있었다. 나의 경력에는 금이 갔지만, 아이가 말귀를 알아들을 수 있을 정도로 성장했으니까. 그러나 나는 결국, 참고 사는 것도 한계에 이르러 아이 아빠에게 친권과 양육권을 다 주고 이혼했다. 보통의 엄마들은 아이를 직접 키우고 양육비를 달라고 하지만 나는 그런 선택을 하지 않았다. 아이 아빠를, 아이를 돌보며 성실한 가정생활을 하도록, 방관자가 되지 않도록 만들었다. 그리고 지금은 아이 아빠를 비난하고 싶은 생각이 없다. 타인이 된 사람에게 피해를 주고 싶지도 않거니와 어쨌든 내 아이의 아빠이기 때문이다. 나도 안다. 그도 그 누구보다 가정을 지키기 위해 최선을 다했다는 것을.

  이젠 남이지만, 아이 생부에 대한 기본적인 인격은 지켜주고 싶다. 또 그렇게 엉망진창인 사람도 아니었다. 그때의 나에 대한 구구절절한 변명도 하고 싶지 않다. 그 변명을 늘어놓아 감정 쓰레기통으로 만드는 것을 원하지 않는다.

  이혼하고 보면 원래의 나로 돌아가는 아주 단순한 과정만 남는다. 이혼을 결심하기까지의 과정이 몹시 지난하고 고통스러울 뿐이다. 이혼 후 그와 나는 각자 집을 얻고, 물건을 분리했다. 그런데 이사 후에도 그의 물건과 아이의 물건이 계속 나왔다. 어떻게 해야 할지 잠시 아득했지만, 아이 물건 몇 가지를 빼고 모두 버렸다.

　물건을 버린다는 것은 지난날 행복했던 추억을 버린다는 뜻이다. 사진, 물건, 행복했던 날들… 그것은 사랑과 미련이라는 단순한 감정이라기보다는 치열하게 살았던 나의 지난날을 확인하는 감정이었다. 나는 그것을 잘라 버렸다. 모질고 잔인한 순간들이 와도 이젠 과거라고 더 이상 추억하지 않는 게 맞는 방법이라고 생각했다. 이렇게 이혼은 생각 이상으로 힘들다. 좋아서 한 결혼 생활을 시작할 때의 마음과 모든 게 끝나 어쩔 수 없이 짐을 정리할 때의 마음이 같을 리 없다.

　또, 지난 20년간의 습관을 새로 바꾸는 일은 힘들다. 이제까지 살아온 방식에서 다른 방식으로 전환하는 일은 쉽지 않다. 그러나 어쩔 수 없다. 우리는 서로의 바닥을 보았고, 나는 그를 사랑하지 않는다는 것을 알았으며, 그도 자신만을 생각한다는 걸 알았다. 아이를 빌미로 남은 생을 마주할 수는 없었다. 이것은 내가 이혼한 이유이기도 하고, 내 삶을 되찾고자 하는 이기적인 마음이기도 했다. 그리고 그것은 잘못된 것이 아니다.

　벼랑 끝에 서 있다면 뛰어내리거나 돌아서야 한다. 방법을 찾아야 한다. 그대로 두면 해결되지 않는다. 누구도 내 인생의 문제를 대신 해결해 줄 수 없다. 결혼도 내가 결정했듯이 이혼도 내가 결정하고, 그 후폭풍도 내가 견뎌야 한다. 그 모든 책임은 나에게 있다. 나의 인생이니까.

이혼으로 인해 포기해야 하는 것들

나는 아이를 보지 못하는 게 가장 힘들었다. 양육비를 받지 못하는 상태에서 혼자 아이를 키우는 건 힘들다고 생각했다. 남편은 회사가 있었지만, 나는 직업조차 없는 사람이었으므로 키울 형편이 되질 않았다. 빨리 자리를 잡아야 아이를 데려올 수 있었기에 먹고 살 생각부터 했다. 매일매일 아이가 눈에 밟혔다. 눈을 맞추고 잠에서 깨어나는 것을 더는 볼 수 없고, 익숙하지 않은 환경에서 혼자 잠자고 일어나 일하러 가야 하는 나날이 계속되었다. 종일 누구와도 말 한마디 나누지 않는 단절을 경험했다.

그 시기에 가장 힘들었던 건 '아이를 못 보는 것'과 '20년간 일하고 노력하고 참은 것에 대한 결과가 없는 것'이었다. 살아온 인생이 허무했다. 무얼 위해 그리 열심히 살았는지, 모든 것이 허무하기만 했다. 다만, 남아 있는 것은 나의 생존이었다.

남편이라는 존재는 허울뿐일지언정 존재만으로도 든든한 방패막이다. 나는 그런 남편이 없었다. 가족이라는 울타리가 사라지니 허허벌판에 홀로 남겨진 기분이 들었다. 또 자연스럽게 친정 식구들과도 거리를 두게 되었다. 보통은 친정 식구들과 더 살갑게 지내며 힘을 내지만, 나는 부모님이 모두 돌아가셨고 형제자매들은 막내인 나를 처량하게 보았다. 그들에게 짐이 되고 싶지 않았다. 또 그동안 쌓아왔던 사회적 관계도 물거품이 되었다. 대부분 남편과 사업을 하면서 알게 된 관계였으므로 어떻게든 연결되는 게 싫었다. 이혼 후 관련 연락처를 다 삭제했다. 시댁 식구들의 전화번호를 지운 것도 그즈음이다.

어찌 보면 아이와 살 수 없고, 가정이라는 울타리가 없어지고, 그동안 쌓은 인간관계의 반이 날아갔지만, 그래서 그 어떤 도움도 기대하기 힘든 상황이지만, 그래야 결혼 생활이 완벽하게 정리되는 것이었다. 그것은 내가 견뎌내야 하는 내 몫이었다. 내가 선택했으므로.

사랑했지만 사랑했던 그 사람은 어디에도 없다

지금도 생각나는 장면이 하나 있다. 그가 나를 집까지 바래다주고 혼자 그 먼 언덕길을 내려가던 뒷모습이다. 그해에는 첫눈이 아주 많이 내렸다. 나는 참 이기적이게도 늘 남자 친구가 집까지 바래다주고 가기를 바랐다. 그걸 한 번이라도 귀찮아하거나 싫어하는 사람이었다면 결혼까지 가지 않았을 것으로 생각했다. 일종의 실험이기도 했고, 그런 사소한 것조차 귀찮아하는 사람이랑 무슨 결혼까지 꿈꾸느냐는 생각을 하고 살았다.

남편은 북쪽으로 나는 남쪽으로 택시비만 한 달에 30만 원을 찍던 27살 시절, 밤새도록 왔다 갔다 하던 시절이었다. 남편의 집 근처에서 놀고 나면 남편은 그냥 들어가면 되는데 꼭 나를 집까지 데려다주었다. 택시를 타고 오가는, 그런 일을 반복했다. 헤어지기 싫었기 때문이다.

시댁은 조그마한 정원이 있는 단독주택이었다. 그 옆에는 아름드리 미루나무 한 그루가 서 있었다. 남편과 헤어지고 집에 와서 누우면 항상 그 나무가 생각났다. 남편이 아이였을 때, 청소년이었을 때 또 대학에 가고 군대에 갈 때 그 나무가 항상 걱정스럽게 혹은 너그럽게 남편을 지켜봐 주었을 것 같았기 때문이었다. 나는 그에게 나를 심어 놓고 싶었다. 나무는 움직이지 못하니까, 그의 가슴 속에 나를 심어 놓고 싶었다. 그러면서 작고 소박하게 그를 위해 반찬을 만들고 찌개도 끓이면서 맛있는 것을 해 먹이고 싶은 마음을 갖고, 둘이 좋아하는 음악을 듣고, 내가 좋아하는 시를 읽어주는 그런 삶을 꿈꾸었다.

남편은 고분고분한 남자였다. 항상 내 말을 다 들어주었다. 나는 그를 천사라고 불렀다. 정말 착해서 결혼했다. 남편은 밤새도록 나를 안고 잤다. 잠들면 불편해져서 돌아눕기 마련인데, 남편은 그러지 않고 중간에 무슨 일로 깨워도 짜증을 내지 않았다. '정말 이 사람은 날 사랑하는구나' 하는 느낌이 들게 만드는 사람이었다. 사람들은 드라마 속 "애기야, 가자!"라는 말에 심쿵했지만, 남편은 그 드라마가 나오기도 전에 나를 '애기'라고 부른 사람이었다.

난 그의 눈을 좋아했다. 나는 갖지 못한, 크고 짙은 쌍꺼풀이 있는 눈매가 부러웠다. 또 잇몸이 다 드러나도록 밝게 웃을 줄 아는 남자였다. 한마디로 사람이 선했다. 처음 보는 사람의 눈은 맞추지도 못하고, 술도 못 마셔서 부장님이 주는 술을 마시다가 저녁 8시에 조는 남자.

남편은 내가 다니던 회사의 같은 부서 동료였다. 같은 부서라서 매일 얼굴을 보는데도 퇴근하고 붙어 있었던 것 같다. 그랬기에 사귄 지 1년 만에 결혼했을 테지만. 행복했다.

많은 세월이 흐른 지금도 그때를 생각하면 희미하게 웃음이 난다. 그때의 순수한 날들을 기억하기 때문이다. 결과가 안 좋았다고 해서 과정 모두가 거짓이라고 말할 수는 없다. 그 모든 노력과 과정까지 거짓일 수는 없으니까. 다만, 우리는 마지막 관문 몇 개를 같이 넘지 못했을 뿐이고, 타인이었던 원래의 자리로 돌아간 것뿐이다.

이런 나의 사고방식을 이해하지 못하는 사람도 많다. 알고 있다. 어떤 이는 아직도 이혼한 남편을 잊지 못한 게 아니냐고 한다. 그러나 그것은 그렇지가 않다. 아이의 생부로서 잘 살아가길 바랄 뿐이지, 애정이 남아 있다거나 다시 합친다는 생각은 하지 않는다. 20년을 같이 살았다는 것은 충분히, 후회하지 않을 만큼 생각했고 검증했으며 미련이 하나도 없다는 이야기다. 다시 합친다는 것은(그도 원하지 않겠지만), 과거에서 한 치도 벗어나지 못했다는 바람직하지 않은 퇴보일 뿐이다. 서로에게 미래가 없는 삶은 꿈꾸지 않는다.

나는 '의리로 산다'라는 말에도 일종의 사랑과 미련이 깃들어 있다고 생각한다. 그것 또한 사라진 상태에서는 의리로도 살지 못한다. 누구라도 부러워할 만큼 사랑했고, 예쁜 가정을 꾸렸고, 서로 존중했으며, 잘 살아왔다. 20년 동안 잘 살아왔으면 결혼은 정말 충분하다고 생각한다.

이제는 한 번뿐인 내 인생을 내 마음대로 살 마지막 기회가 왔다. 이젠 제대로 나의 삶을 살 때가 되었다.

이혼했다는 이유만으로

"왜 유부남을 사귀지 않는 겁니까?" 수십 년 알고 지낸 지인이 불러서 나간 송년 모임에서 들은 말이다. "스타일이 좋으시네요"라는 말이 예쁘다는 칭찬인 건 알지만 위아래로 훑어보면서 하는 말이라면 '이 양반들이 왜 이러나' 싶다. 함부로 한다는 생각이 든다. 한창 이런저런 이야기를 하며 좋은 분위기에 한 남자가 집요하게 묻는다. 왜 유부남을 사귀지 않느냐고. 그러다 자리를 파하고 나오면서 기어이 한 번 더 묻는다. "왜 유부남을 사귀지 않는 겁니까?"

무례한 질문을 하면서도 그것이 무례한 것인지 모르는 사람이 있다. 내로라하는 대학 동문이고 교수이고, 내로라하는 기업에서 한 자리씩 차지한 사람이어도 그렇다. 가정 있는 사람을 사귀어서 도대체 뭘 한다는 건가? 이혼하면 아무나 막 만나고 다

닌다는 건가? 정말 예의 없는 사람들이다. 내 대답은 "유부남을 왜 사귀는 겁니까?"였다. 그 사람은 "요즘은 다들 애인도 있고 아주 흔한 일이라서"라고 했다. 그리고 "저는 그런 사람 아닙니다"라고 말했다가, 결국엔 듣지 말아야 할 혼잣말을 듣고 말았다.

"비싸게 구네"

상대방이 어떤 사람인지 보려면 나를 어떻게 대하는지를 보면 안다. 어떤 사람은 친절하기 그지없고, '어쩌면 이렇게까지 섬세하게 사람을 챙길까' 하게 된다. 반면 어떤 사람은 처음 본 자리에서 이렇게 무례한 말을 아무렇지도 않게 지껄인다. 또 말하는 것을 보면 안다. 비합리적이고 비상식적인 말을 하는 사람은 그만큼의 저급한 감정과 하찮은 인격을 지녔다. 그것은 학벌이나 사회적 지위와는 아무런 상관이 없다. 나이 들면서 추해지는 경우가 바로 이런 경우일 것이다. 때가 묻어도 한참 묻어 있어서, 옳고 그름의 판단 기준이 흐려져 있다. 한마디로 꼰대다. 나는 성숙한 어른과 꼰대의 정확한 기준은 존중에 있다고 본다. 성숙한 어른은 타인을 존중하기에 어린 사람에게도 함부로 대하지 않는다. 그러나 꼰대는 상대의 인격을 아무렇지도 않게 비하하다 못해 상대를 바닥으로 내리꽂는다.

또 한번은 존경해 마지않던 지인이 갑자기 사귀자는 대시를 해왔다. 내색조차 없던 분이었는데, 내가 이혼하자 행동이 달라진 것이었다. 일전에 그의 사람 봐 가면서 들이댄다고 했던 농담이 생각났다. 급기야는 아내가 캐나다에 갔으니 시즌이 빈다고 했고, 내가 남자 친구와 싸우고 헤어졌을 때는 자기는 변하지 않는 사람이라며 섹스파트너로 지내자고 했다. 만만해 보였던 걸까? 그리 오래 지내고도 나를 잘 모르는 걸까? 그렇게 믿고 의지하고 존경하는 마음에 속마음을 털어놓은 일이 약점이 되어 돌아왔다. 은사님, 지식의 총체라며 존경하던 분이 한순간에 이런 식의 태도를 보이자 나는 굉장한 모멸감과 심한 심리적 충격을 받았다.

이혼한 사람, 그중에서 여성은 자기 삶을 스스로 책임지겠다는 의지로 이혼한 것이다. 이혼에 성차별이 있어서는 안 되겠지만, 여성은 이혼하면 경제적으로, 사회적으로 더 불리한 상황에 처하기 쉽기에 남성보다 더 강한 결심이 필요하다. 이혼을 선택하는 여성은 말하자면, 굉장히 독립적이고 강하며 자존감이 높은 사람이다. 내 삶이 중요하므로 타인을 위해 희생만 하는 삶을 더는 살지 않겠다는 사람이며, 새로운 시작도 두려워하지 않는다. 그 모든 것을 각오하고 이혼을 한 것이다. 이렇게 이혼을 결정한 사람이, 무슨 80년대도 아닌데 순종하며 살겠는가? 이제 여성은 생존을 위해 남편의 폭력이나 시댁 문제, 경제 문제를 참지 않는다. 존중받지 못하면 이혼하는 시대이다. 사랑받고 존중받아야 마땅한 나임에도, 그렇지 못하면 '이젠 그만'이라며 이혼을 선언한다.

나는 사랑이 아니면 그 모든 것은 거짓이라고 생각하는 사람이다. 중간이 없고, 적당히 타협하는 것도 없다. 사랑에서만큼 은 단칼에 베어 버리는 냉정함을 지녔다. 밖에서 만난 사람들에 게는 분위기에 맞춰 웃기도 하지만, 단순한 남자들은 이 모습을 진짜 모습으로 알고 나를 잘 웃고, 잘 떠받들고, 잘 받아 주는 사 람으로 안다. 나는 사회생활 하는 사람이므로 이들을 면전에 대 고 핍박하진 않는다. '그냥 저 정도의 사람이구나. 나를 이런 식 으로 바보 취급하는구나' 하고 판단할 뿐. 나쁜 사람이나 인격적 으로 미숙한 사람은 그냥 만나지 않고 있다. 만남의 횟수를 점차 줄이며 서서히 멀어져갔다. 그동안 친분이 있긴 했으니 서로 기 분 상하지 않게. 연락이 와도 나는 늘 바쁜 사람인 것이고, 어느 순간 연락조차 닿지 않는다. 내가 그를 차단했기 때문이다.

그 본질에는 그들이 내 자존감을 건드렸기 때문이고, 그런 인 격의 소유자는 용서하지 않기로 한다. 예의상 만남도 지속하지 않는다. 나는 내 주변을 나를 위해주는 좋은 사람들로만 채우고 싶지, 덜 성숙한 사람으로 채울 생각이 없다. 한쪽이 기우는 관 계에서는 그 무엇도 얻고 싶은 생각이 없다.

PART 2

이혼 이후의 삶

상의 새로운 루틴을
만들어라

한 삶에 익숙해지는
운 일들을 만들

것인가. 조건을 보고 만나
능에 가깝다.
나는 아직도 영화처럼 아름다운 사랑,
것을 꿈꾼다. 정말 백마 탄 왕자님이
백마 탄 왕자님까지는 아니

사랑이
시작된다

 # 이혼, 생각보다 괜찮다

고통으로부터의 해방

그 어떤 방법을 동원해도 해결되지 않고, 죽을 듯이 괴롭고 고통스러웠다. 그러나 원인을 제거하고 아픈 곳을 도려내고 나니, 그동안의 고통이 한순간에 거짓말처럼 사라졌다. 처음엔 실감이 나지 않았다. 그러나 이제야 그 길고 긴 터널을 지났다는 것을 알았다.

한국인의 정서에는 한(恨)이라는 게 있다는데, 사실 나는 그것이 무엇인지 정확히 알지 못했다. 그러나 그간의 과정을 거쳐 한이라는 것은 극한의 억울함과 슬픔이 쌓여 응어리진 마음이 풀리지 않는 매우 답답한 상태라는 걸 알게 되었다. 명치끝부터 전해져 오는 쿡쿡거림에서 위경련은 물론이고, 가끔은 심장이 아파 숨을 쉬지 못할 지경에 이르기도 했다. 숨이 쉬어지지 않는 고통은 곧 죽음의 고통을 떠올리게 한다. 정신적으로 쇼크 상태에 빠지기도 한다. 그때마다 진정하려고 애쓰고 호흡을 가다듬었다. 갑자기 엄습하는 불안에 애써 다른 사물들을 보면서 '나는 평상시와 같다'라고 생각하며 잠재우려 했다. 숨이 쉬어지지 않는 고통을 참아보려 애쓰면서 사는 삶은 늘 불면의 연속이고, 매 순간 피곤하고 고통스럽고 힘든 상태가 계속된다는 뜻이다.

 우울과 불면의 나날. 취업에 도움이 될까 하여 어느 한 해는 12시간씩 공부하며 보냈다. 그러나 도무지 집중할 수가 없었다. 어제 푼 문제를 오늘 풀지 못했다. 오로지 정상적으로 잠을 자기 위해 수면제를 처방받았다. 한 번에 먹어야 할 약이 15알이 넘었던 것으로 기억한다.
 그러나 이혼하니 먹는 약의 수가 점점 줄었고, 일을 하니 잠을 잘 수 있었고, 잠을 자니 정상적인 패턴으로 돌아올 수 있었다. 이제 더는 남편의 생사에 신경 쓰지 않아도 되었고, 빚이 느는 걱정을 하지 않게 되었다. 마음 잡을 수 없이 괴로웠던 상황이 이혼하고 나니 차차 정리되어 갔다. 나에게 가해졌던 아이를 지켜야 한다는 생각, 혼자서라도 가정을 지켜야 한다는 생각, 회사가 망하지 않을까 하는 생각, 아이 아빠가 신용불량자가 되면 안 된다는 생각, 아이가 나 때문에 대학에 떨어지면 어쩌나 하는 생각에서 벗어났다. 아무래도 이 가정의 실질적인 가장은 나였던 것 같다. 아무튼, 나는 이혼이라는 끝맺음을 통해 정신적 고통과 경제적 고통에서 벗어났다.

 이혼은 한 사람만의 선택으로 이루어지지는 않는다. 상대방의 동의를 얻어야 한다. 나는 그가 동의해 주었을 때 어이없게도 고마웠다. '이혼도 안 해주면 어쩌나' 하는 막연한 상황을 염려했기 때문이다. 한편으로는 아이가 너무 걱정되어 '나만 지옥에서 탈출한 게 아닐까' 하는 양심의 가책을 느끼기도 했다. 그러나 당시 그는 사업이 잘된다고, 너 없이도 끄떡없다고 자신감을 보였었다. 나도 미련이 없었다. 가정 법원의 서류 한 장이면 이 모든 관계가 끝나는 아주 단순한 이벤트에, 왜 그렇게 이혼을 결심하고도 10년이나 끌면서 고통스러워했을까 싶었다.

이혼이라는 사건을 좀 더 단순하게는 볼 수는 없었을까? 그랬다면 암으로 병원에 입원하거나, 고통스러워 정신과 약을 먹는 지경까지는 가지 않았을 텐데. 이혼이 뭐라고 그리 두려워하고 힘들어했나 싶다. 선택의 과정이 두렵고 지난해서 그렇지, 막상 서류까지 정리하고 보니 오히려 후련했다. 내 인생에 커다란 걸림돌 하나를 아주 힘겹게 치웠다.

가사로부터의 해방

다음으로 이혼해서 좋은 점이 무엇이냐고 묻는다면 '가사로부터의 해방'이라고 말하고 싶다. 주부가 아닌 사람, 혹은 사회생활을 하면서 전폭적으로 가사에 매달리지 않은 사람은 가사가 무엇인지를 잘 모른다. 20년간 아이를 챙기며 모든 가사를 내 손으로 해왔던 나는, 이혼 후 가사를 하지 않아도 생활이 유지된다는 점에 놀랐다. 누군가를 위해 밥상을 차리지 않아도 되고, 누군가의 세탁물을 돌리고 널고 개는 일을 하지 않아도 되고, 청소도 하고 싶을 때 할 수 있다는 건 아주 획기적인 일이었다.

겨우 '가사'로 그러느냐는 것은, 가사의 어려움을 몰라서 하는 말이다. 내가 이혼해서 가장 먼저 한 일은 4인용 식탁을 버리는 일이었다. 이제 누군가를 위해 식사를 차리는 일은 하지 않으리라, 거나한 밥상을 차리고 마주 앉아서 밥을 먹는 일 따위는 하지 않으리라 생각했다.

일하면서 가족을 위해 장을 보고 매일 삼시 세끼 밥상을 차려 내야 하는 삶은 만만치 않았다. 내 아침은 건너뛰더라도 아이의 아침은 차려야 하고, 그러기 위해서는 전날 저녁에 간편하게 먹을 수 있는 무언가를 만들어 놓아야 했다. 신혼 초나 아이가 어릴 때는 그래도 동반 육아를 한 것 같은데, 아이가 자라서 학교에 다니기 시작하면서는 거의 독박육아였다. 남편은 또 영업이니 모임이니 하며 늘 바빴다. 그러나 내가 더 바빴다. 주말엔 밀린 가사를 본격적으로 해야 하기에 특히 바빴다. 남편은 취미 생활을 즐기기도 했는데, 나는 취미를 갖지 못했다. 가사를 당연한 내 일로 여겨 그 많은 일을 혼자 처리하기에 바빴던 듯 싶다. 한 달에 두세 번 대형마트에서 장을 보는 일도 최대한 평일 늦은 시간에 가서 한두 시간 안에 끝냈고, 엘리베이터를 타고 혼자 두세 박스를 나르기도 했다. 지금처럼 배송이 빨랐던 시절도 아니었고, 내 손으로 물건을 확인해야 하는 스타일이어서 혼자 후다닥

장을 보기 일쑤였다. 한가하게 장을 본 적이 거의 없던 것 같다.

그러나 이혼은 내게 그 지옥 같은 밥상 차리기에서 해방시켜 주었다. 안 해도 누가 뭐라고 할 사람이 아무도 없었다. 자유였다. 그것은 지금까지 한 번도 생각해 보지 않았고 경험해 보지 않은 신세계였다. 삼시 세끼 꼬박꼬박 가족들을 먹이고 입히고 챙기는 것은 누군가가 꼭 해야 할 일인데, 우리 집에서 그 누군가는 늘 나였던 것 같다. 조력자는 있었겠지만, 메인은 나였다. 이혼 후 일하면서 정신없이 바빠서 한 달이나 요리하지 않은 적이 있다. 그러나 나는 죽지 않고 살아 있었다. 장을 보고, 요리하고, 설거지하고, 쓰레기를 분류해 내다 버리고, 청소하고, 빨래하지 않아도 살 수 있었다.

지금도 재혼이라는 명제에서 가장 꺼려지는 것이 가사다. 누군가를 위해 밥을 하고 빨래를 해야 하는데 과연 그런 마음이 들까 하는 생각도 든다. 20년 만에 찾은 자유를 또다시 구속하는 일은 진지하게 생각해 볼 일이다. 그것을 감수하고 인내할 만큼의 사람을 만난다면 모르지만, 그렇지 않은 사람과는 재혼할 수 없다고 생각한다.

남자는 잘 모르겠지만, 여자는 가사 때문에 시간이 없다. 사회생활하는 여성은 회식도 편하지 않고, 밖에서 놀고 즐기는 데에 눈치가 보인다. 전업주부도 마찬가지다. 사람들과 어울릴 시간이 절대적으로 모자란다. 학부모 모임이나 브런치 타임이라고 그 시간이 편하기만 할까? 주부들은 늘 뭔가에 쫓기는 사람처럼 일을 처리하고 그다음 일을 고민한다.

나는 이혼 후 내가 원하는 시간에 만나고 싶은 사람을 만나고 그 만남에 아무런 제약이 없다는 것이 신기했다. 또 시댁이 없으니 각종 경조사에 오가는 번잡스러움이 없다. 명절에 그 교통 혼잡을 무릅쓰고 시댁에 가지 않아도 되고, 시댁에 가서 식모처럼 온종일 요리하고 음식을 나르고 설거지하지 않아도 된다. 잘 모르는 시댁 친척들의 경조사에 참석해 한복을 입고 서먹서먹하게 서 있지 않아도 된다. 나는 이번 명절에 처음으로 남들 다 간다는 명절 연휴 해외여행을 길게 다녀왔다. 명절날 전을 부치며, 사람들이 해외로 얼마나 빠져나갔는지 또 그 수가 얼마나 증가하고 있는지 등의 뉴스를 보고 나와는 아주 상관없는 딴 세상 이야기라고 했는데, 올해엔 필리핀 세부로 여행을 다녀온 것이다. 그만큼 나를 옭아매던 것들에서 벗어났다.

이혼에는 나쁜 점만 있는 게 아니다. 하나를 잃으면 또 하나가 주어지는 게 삶이다.

지금까지 내 밥벌이는 내가 했다

나는 대학을 졸업하고 회사에 취직한 20대부터 쉬어 본 적이 거의 없다. 늘 내 밥벌이는 내가 했고, 아마 앞으로도 내 밥벌이는 내가 할 확률이 높다. 나는 결혼 후에도 일했고, 임신하고도

9개월까지 일했으며 심지어 산후조리원에서도 일을 했다. 아이가 태어나고는 1년 반을 격일로 일했다. 또 대학원에 진학해서는 아이를 남편에게 맡기며 눈치를 봤고, 친구나 동기를 만날 땐 모든 시간을 조절했다. 눈치를 본다는 것은 그만큼 나를 제약한다는 이야기이다. 회사에 다니고 대학교에서 학생들을 가르칠 때도 친구들과의 만남은 고작 한 달에 한 번이었다. 늘 남편의 약속이 먼저였던 것 같다.

  이혼 전과 이혼 후의 삶은 전혀 다르다. 결혼 생활에서 사생활이 없다는 것을 어떻게 말해야 할지는 모르겠지만, 결혼하면 사생활이 정말 없다(물론, 사생활이 있으면 그것도 문제다). 그러나 이혼하면 사생활이 생긴다. 이전에는 가족을 위해 미리 조율하고 타협하며 내가 먼저 내 시간을 포기했지만, 이젠 아니다. 이혼하니 가족에게만 성실했던 삶을 나에게 성실한 삶으로 옮겨올 수 있었다.

  내가 내 밥벌이만 제대로 하면 되는 이 단순한 이유를 이혼하고서야 깨닫는다. 불합리하다는 걸 알면서도 가족을 사랑하는 마음에 기꺼이 해왔던 것들을 놓음으로써 내 밥벌이만 하면 문제가 없게 되었다. 나는 이제 나를 위해 산다. 나를 위해 일하고, 나의 미래를 준비한다. 나에게 자유시간도 허용한다. 나는 세미나와 각종 포럼과 모임에 참여하고, 시 낭독회도 간다. 지인들과 저녁에 술자리를 갖기도 하고, 거래처 대표님을 만나 이런저런 이야기를 하기도 한다. 친구와 여행도 가고 외박도 할 수 있다. 혼자서 하루 35km를 걷기도 한다. 마음먹은 일을 아무런 제약

없이 실천한다.

  나는 원더우먼이나 신사임당이나 알파걸이 아니다. 열정적으로 일과 사랑, 육아와 가사 심지어 아이 공부 지도까지 잘 해내는 여성이 없는 건 아니라는 걸 알고 있다. 하지만 나는 평범하다. 때론 지치고, 때론 아무 생각 없이 쉬고 싶고, 놀고 싶다. 휴일이면 늘어지게 낮잠을 자고 싶기도 하고, 배달 음식만으로 하루를 살고 싶기도 하다. 중년에 접어드니, 지난 20년간 치열하게 산 게 가끔 후회되기도 한다. 더 늦기 전에 나다운 삶을 살게 되어 감사하다.

  가장 아픈 손가락은 아이지만, 옆에서 잘 챙겨주면 되지 않을까 한다. 이혼했다고 부모의 책임이 사라지는 건 아니므로 이제는 성년이 된 아이가 사회적으로 자립할 때까지 곁에서 잘 돌보아 주겠다고 생각한다. 나는 작지만 내 사업체를 가지고 하나씩 성공을 이루며 버티어 가고 있다. 나에겐 이 일이 생존이고, 좋은 엄마가 되기 위한 수단이다. 내가 잘되면 아이를 조금 더 잘 보살필 수 있을 것이다. 아이에게 상처를 주긴 했지만, 아이가 내 진정성을 알아준다면 서운해하거나 날 비난하지 않을 것 같다.

  현재는 제대한 아들에게 생활할 공간을 마련해 독립시켰다. 틈만 나면 엄마표 반찬을 만들어 아이의 생활 곳곳을 메워 주고 있다. 앞으로의 바람이 있다면 아이가 사회적으로 완전히 독립할 때까지 잘 보살피는 것이다. 그것이 내 몫이라고 생각한다.

그러기 위해서 나는 지금도 일을 하고 있다. 일은 내 생명줄이다. 업종이 바뀔지는 몰라도 살아 있는 한 일할 것이다.

내 밥벌이를 내가 한다는 건 고되거나 귀찮은 일이 아니다. 어차피 일이 아니면 할 것도 없고, 사는 것에 큰 의미도 없으니 말이다. 경기가 어려워 디자인 일이 없을 때는 저녁이나 주말에 아르바이트를 했다. 생각이 많고 예민한 편이라, 몸이 축나고 밥도 못 먹는 지경에 이르면 스트레스에서 벗어나는 스타일이기 때문이다. 주방 이모, 서빙, 서비스 종업원 같은 일일 아르바이트도 곧잘 했다. 바쁠 때 갑자기 와달라는 부탁을 받고 기꺼이 수행했던 것 같다. 시간당 1만 2천 원을 받아 한 해 정산해 보니 900만 원이 넘었다. 그렇게 경기가 어렵다고 투덜거리느니 당장 생활에 필요한 돈을 조달했다.

편한 삶과 거친 삶에는 분명 차이가 있다. 거친 삶은 힘들고 지치지만, 자랑스러움이 있다. 내가 나를 책임진다는 데서 오는 자랑스러움이다. 지금까지의 내 밥벌이는 내가 했고, 내가 한 결정을 후회한 일도 없으며, 비겁하게 살아오지도 않았다. 나는 적어도 나에게는 떳떳하다. 나쁘지 않은 인생이다.

사랑이 시작된다

이혼해서 좋은 점은 다시 사랑이 시작된다는 거다. 나도 이 나이에 사랑을 시작할 수 있을 거라고는 상상하지 못했다.

'좋은 사람을 만날 거야'라는 마음으로 이혼하는 사람은 드물다. 대부분 힘든 상황을 정리하고자 이혼하지, 배우자를 환승하기 위해 이혼하는 건 아니다. 아마 지난한 다툼에 다시 누군가를 만나서 사랑을 한다는 생각은 할 겨를도 없을 것이다. 나도 그랬다. 그러나 막상 싱글이 되어보니, '아, 이제 내가 누굴 만나도 불법은 아니구나' 하는 자각이 일었다. 이제 나는 누구를 자유롭게 만나도 되는 거였다. 그것은 30년 만에 20대로 회귀한 것과 비슷한 이야기였다.

그러나 누군가를 만나고 사랑하게 되는 것과 결혼은 별개라고 생각한다. 각자의 라이프 스타일을 합치는 것은 아주 신중해야 한다. 연애를 잘하면 결혼과 이혼을 세 번은 할 수 있다. 그다지 어려운 일도 아니라는 건 연애를 해 보면 알 수 있다. 인연의 굴레라는 건 얽히고설킨다. 물론, 앞으로의 삶을 장담할 수는 없다. 이 글을 쓰고 있는 지금의 내 모습과 내년의 내 모습이 다를 수도 있다. 그 사이에 무슨 일이 일어날지, 우리는 알 수 없다.

그래도 나는 운명을 믿는 사람이다. 배우자를 매칭해 주는 기관에 가입하거나 소개팅을 해 본 일도 없고 하고 싶지도 않다. 그 안에 존재하는 '사람에게 등급을 매기는 일'은 하고 싶지 않다. 게다가 나에게 등급을 매긴다면 나는 아주 낮은 등급일 터이고, 가입 미달에 해당할 것이다. 그런 대접을 받을 일은 없다. 그리고 등급을 매길 때 사용되는 조건이라는 것은 영원하지 않다. 조건은 늘 유동적이다. 돈이 없을 수도 있고, 가진 재산을 탕진할 수도 있고, 직업이 어느 순간 없어질 수도 있다. 조건이 사람을 고르는 기준이 될 수는 없다.

나는 앞으로도 조건에 맞추는 만남은 갖지 않을 것 같다. 가치관에 따른 문제이기도 하고, 조건이 좋다고 사랑하게 되는 성격도 아니기 때문이다. 사랑해서 모든 걸 포기하고 만난 사람과 가정을 이루고도 이혼했는데, 무슨 조건을 보고 만나 사랑을 키워나갈 것인가. 조건을 보고 만나서 행복해진다는 건 나에게는 불가능에 가깝다.

나는 아직도 영화처럼 아름다운 사랑, 기적, 운명적인 만남 같은 것을 꿈꾼다. 정말 백마 탄 왕자님이 나타날 수도 있다고 생각하고, 백마 탄 왕자님까지는 아니더라도 내 말의 의미를 헤아려주고, 이해해 주고, 가슴 깊이 나를 아낄 수 있는 남자를 만날 수 있을 것으로 생각한다. 착각이라고 해도 이런 착각에서는 깨어나고 싶지 않다. 설마 이렇게 많고 많은 사람 중 나를 이해해 줄 사람이 단 한 사람도 없을까.

또 나는 공통분모 하나 없는 사람과는 사랑할 수가 없을 것 같다. 예를 들어, 문학과 시를 이야기하고 싶은데, 그가 문학과 시에 전혀 관심이 없다면? 적어도 가치관, 습관, 취미 어느 것 하나는 맞아야 다시 사랑할 수 있을 것 같다. 물론, 이런 운명적인 사람을 만나는 게 현실적으로 가능한지는 잘 모르겠다. 영화나 드라마 속 주인공처럼 처음부터 누가 나를 추앙한다면 정말 좋을 테지만.

　이혼하고 조금 더 까다로워진 이유는 결혼에 얼마나 디테일한 조건이 붙어야 그를 사랑하게 되는 건지 20년간의 결혼 생활로 충분히 알고 있기 때문이다. 젊은 시절과 비교할 수는 없으나 아직도 나에게는 무한한 가능성이 있다고 생각한다. 가능성이 전혀 없던 결혼 생활은 이미 접었으니, 이제 이혼으로 다시 첫 단추를 끼운 것이 아닐까? 이혼했다고 하늘이 무너지는 것 마냥 나의 모든 가능성과 희망을 저당 잡히고 싶지는 않다. 그리고 나는 다시 가능성이 있는 시절로 회귀하기 시작했다. 그 어떠한 경우라도 이혼 이전의 상황보다는 나으리라는, 어떤 결정이든 최악은 아닐 것이라는, 그런 희망이 있다.

이혼한 거 축하해

　동네 친한 엄마 몇 명이 어찌어찌 나의 이혼을 알고 와인 파티를 열어준 일이 있다. 아이들이 어릴 때부터 친구였던 만큼 그들과도 오래된 인연이다. 그래서인지 엄마들은 그간의 사정을 몰랐음에도 따뜻한 말로 위로를 해주었다. 나는 그 파티에서 "이혼 축하해"라는 말을 처음 들었다. '이혼이 축하할 일이구나'라는 새로운 깨달음을 얻었다. 이혼은 새로운 가능성의 시작이다.

이제 나는 뭐든 새로 시작할 수 있다.

그간 나를 제약한 것이 얼마나 많았던가. 갑자기 배로 늘어난 피 한 방울 섞이지 않은 가족들의 경조사를 챙기고, 얼굴도 모르는 5대조부터 할머니까지 이어지는 시제에 온 선산을 돌아다니며 절을 했다. 남편을 존경하고 사랑해야만 할 수 있는 일들이었다. 그러나 20대에 만난 그 사람은 이제 없다. 사랑에서 멀어지고 나면 이제 선산을 돌며 절을 하는 형식적인 일들은 그만하고 싶어지는 것이다. 거부할 수 없게 만들어진 결혼제도 자체를 그냥 거부하고 싶어지는 것이다. 인생이 봉사라고 생각하면 못 할 것도 없지만, 그것은 어디까지나 남편을 존경하고 사랑할 때의 일이다.

결국, 사랑해서 결혼하고, 사랑하지 않아서 이혼한다. 모든 걸 다 주고 싶을 만큼 사랑한 사람이었는데, 이제 내가 그 사람 때문에 정신과에 다니고 있다. 그 사람 때문에 다치고 상처 입고 맨정신으로는 견디기 힘들어 정신과에 다닌다. 정신과에서 타 온 약을 먹으면서 죽지 않으려고 버둥거린다. 당시의 삶은 아이가 없으면 어찌 되었을지 모를 위태로운 삶이었다. 그래서 나는 이혼한 것을 스스로 축하해줬다. 그동안 애썼다고, 너니까 그나마 견딘 거라고. 위로해 주는 사람이 없다면 내가 위로해 주면 된다고 생각했다. 내 인생의 자랑이었던 사람을 이제 장애물로 생각하고 지워버리는 일에 이혼이라는 형식을 빌렸지만, 그 일을 해낸 나를 기꺼이 응원하기로 했다. 그렇게 내 인생을 다시 시작했다.

그렇다고 '인생 참 거지 같다' 같은 저속한 표현은 하지 않기로 한다. 지금까지 살아온 내 삶이 거지 같지도 않았거니와 이혼했다고 그와 나의 온 삶을 나락으로 떨어졌다고 표현하는 건 예의가 아니라고 생각한다. 대신 '아, 나는 성공했구나! 그 어려운 일을!'이라고 생각한다.

결혼해서 행복한 사람들을 보면 나도 질투가 날 정도로 부럽다. 티격태격하고 지겨워 죽겠다고 표현하면서도 나를 보살펴 준 사람에게 감사해하는 사람이 많다는 걸 알고 있다. 그것이 보편적이라는 것도 알고 있다. 서로 존중하면서 잘 사는 부부는 정말 행운이 따른 삶이라고 생각한다. 다만, 나에게는 그러한 행운은 없었고, 나는 이혼을 선택했다.

그래도 축하할 일이다. 다시 새로운 난관과 벽에 부딪히고 좌충우돌하겠지만, 그래도 열심히 살아가야 할 또 다른 이유가 생겼기에 기꺼이 응원한다. 이혼한 거 축하해. 아무도 응원해 주지 않아도 내가 응원하니까, "난 괜찮아"하고 말이다.

② 이혼 이후의 대처 방법

**가족에게는
최대한 늦게 알려라**

어린 시절, 초등학교도 아직 다니지 않던 시절, 우리 식구 일곱은 한 방에 모여서 살았다. 일곱 식구가 단칸방에 쪼르르 누워서 잠을 자고, 겨울이면 배추를 온 마당에 쌓아 놓고 한집에 사는 사람들이 모두 모여 품앗이로 김장을 120포기씩 하던 시절이었다. TV는 주인집에만 있어서 저녁마다 TV를 보러 주인집에 갔다. 김일의 레슬링이 있는 날이면 같이 살던 대여섯 집의 사람들이 모여 응원을 했다. 공동으로 쓰던 화장실 하나에는 아침마다 화장실 쟁탈전이 벌어졌다. 겨울이면 화장실이 얼어서 난리도 그런 난리가 없었다. 서울의 더 올라갈 곳 없는 산동네에 똥지게를 매고 다니는 사람들이 있던 시절이었다.

자고 일어나 보면, 머리맡에 떠놓은 물이 얼어 있던 겨울이었지만, 그래도 행복했던 것 같다. 가난이 무엇인지 모르던 시절이었고, 부자와 가난의 차이가 무엇인지 모르던 시절이었다. 겨울이면 산동네 아이들이 연탄재를 뿌려 놓고 비료 포대를 타면서 놀았던 것으로 기억한다. 초등학교는 오전 오후반으로 나뉘어 22반까지 있었고 한 반에 아이들은 70여 명이나 되었다. 그런 시절, 엄마는 그 많은 식구의 밥을 해대었을 것이다. 오빠들이 공장에 가서 먹을 도시락까지 싸면서 말이다. 그 이후로 내가 기억하는 한방에서 모두 잠든 기억은 엄마가 85세였을 때, 부석사에 갔을 때다. 둘째 오빠의 주도로 큰오빠네와 언니네 모두 조카까지 대동해 15명이 부석사를 찾았다. 절에서는 가장 크고 깨끗한 방에 새 이불을 내주셨다. 부처님 오신 날이었다.

산사에서 자며 이런 시간들이 다시는 오지 않으리라 생각했다. 여러 명이 모여 자다 보면, 누구 하나가 이야기를 꺼내기 마련이고 또 밤새 잠 못 들어 이야기꽃을 피우기 마련이다. 그러다 한 사람이 공격을 시작한다. 주로 어려서부터 엉뚱한 일을 많이 한 언니의 엽기적인 이야기에서 비롯했는데, 조카들까지 웃느라 잠을 못 잤다. 엄마가 살아 계셨을 때, 오랜만에 가족 모두가 하나가 되는 가장 아름다운 날이었다.

엄마가 돌아가신 지금은 각자의 가정에 충실하며 잠깐 만나 농담이나 하고 말없이 제사를 지낼 뿐, 같이 모여 잠을 자지는 않는다. 여행도 같이 가지 않는다. 엄마가 돌아가셨을 때 장례식장에서 다 함께 잠을 잔 이후로 그런 날들은 없다. 한 가족이 분화해 가는 과정이라고 할까? 아마도 형제 중에 누군가의 부음이 있으면 다시 모여 그것을 슬퍼하겠지만, 모든 것은 기억으로 묻어 둔다.

나는 앞으로 살아갈 날이 살아온 날보다 적을 것이다. 이제 나에게 남아 있는 가족이라고는 아들이 다라고도 생각한다. 나의 노후에 자식과 같이 사는 모습이나 보살핌받는 모습은 없지만, 가끔 친구처럼 만나며 지낼 것 같다. 서로 도움이 필요하면 객관적인 방식으로 도움을 주겠지만, 아들의 삶에 본격적인 관여는 하지 않을 것이다. 자식이 어떻게 살든 손님처럼 대하기로 한다. 내 최대 희망 사항이라면 임종 때 한번 놀러 오듯이 오는 것이다. 그것 이상의 욕심은 없다.

결혼할 때 나는 노후를 그와 함께할 것으로 생각했다. 당연하다. 머리카락이 파뿌리처럼 하얗게 변할 때까지, 서로의 아픈 곳을 돌보며 늙어가리라 생각하고 결혼하니까. 그것이 가족이기도 하고. 그러나 우리는 그러지 못했다. 누구라도 부러워할 만큼 사랑했고, 예쁜 가정을 꾸렸고, 서로 존중하며 잘 살았지만, 마지막 장애물을 넘지 못했다. 그래도 그에게 고마운 마음은 있다. 아이에게는 최고의 아빠이자 아낌없는 사랑을 주는 아빠이기 때문이다. 내 피붙이도 타인이 되어 가는 마당에, 아이가 고아가 아닌 것을 다행으로 여긴다. 그래서 나는 가족을 '한때 사랑했던 사람들'이라고 명명한다. 자식도 예외일 수 없다. 언젠가 다 떠나고 오롯이 남는 것은 나 자신 하나뿐이다. 가족은 원가족일 때나 가족이다. 원가족을 떠나 각자 가정을 꾸려 아이 낳고 살다 보면 '부모도 형제자매도 다 타인이구나' 하는 생각이 드는 때가 온다. 그들도 자신이 꾸린 가족이 더 중요하지 않겠는가? 또 가족이라고 해서 모두 행복한 건 아니다. 내 손가락 길이도 들쑥날

쑥 다르듯이, 형제자매도 성공한 사람이 있고 실패한 사람이 있다. 그렇게 시간이 가면 서서히 멀어진다.

아버지는 돌아가셨고, 어머니는 요양병원에서 5년간 치료와 연명을 병행하다 돌아가셨다. 오빠들은 그래도 효자여서 주말마다 엄마를 찾았고, 딸인 언니와 나는 엄마가 큰 병원에 다녀와야 할 때마다 도맡아 왔다. 처음에는 형제자매끼리 번갈아 가며 몇 달씩 엄마를 간병했다. 그러나 내가 꾸린 가정이 있으니 어느새 그 일은 전문 간병인의 손에 맡겨졌다. 아이를 학교에 보내고 일해야 하니 한계가 있었다. 그렇게 세월이 흐르자, 엄마의 건강은 더 나빠졌다. 영특하고 셈이 빨랐던 엄마가 치매에 이르렀다. 55kg이던 몸무게가 32kg으로 줄었고 류머티즘 관절염으로 거동을 할 수 없게 되고, 척추뼈는 주저앉았다. 도움을 받아 겨우 식사하시다가 중환자실로, 중환자실에서 위급한 생의 순간을 몇 번 넘기고 콧줄로 연명하는 삶으로. 그렇게 인간의 존엄함이 사라졌을 때, 당신께서 더는 살고 싶지 않다고 말씀하셨다. 그렇게 엄마가 돌아가셨다.

큰일을 치르고 나면 가족이 더 단단하게 뭉칠 것 같지만, 실상은 그렇지 않다. 부모를 잘 모셔야 한다는 책임감과 의무감에서 모두가 벗어난 것이고, 이제 다시 그들만의 가족으로 돌아가는 것이다. 나는 그들에게 나의 비참함과 슬픔을 굳이 말하지 않았다. 그들에게 형제자매의 소식은 무소식이 희소식이다. 별 소식 없이 잘 살기를 바랄 뿐. 나도 나대로 형제자매들에게 고민거리를 던져 주고 싶지 않았다.

다들 그렇다. 이런저런 내 가족 문제로 머리가 아플 텐데, 중년에 접어든 동생의 일에 무슨 해결책을 줄 텐가? 또 애초에 조언을 받아 해결할 수 있는 문제였으면 진즉 그리했을 것이다. 그래서 나의 이혼 소식은 이혼 후 모든 걸 정리한 후에 천천히 알려졌다. 그것이 좋은 것 같다. 이혼하기 전부터 '이혼해라, 이혼하지 말아라' 소리를 듣는 건 별로 도움이 되지 않고, 나로서도 가족에게 걱정 하나를 보태는 일이니 모든 일은 쓰나미가 지나간 이후 천천히 말하는 게 좋다고 생각한다.

누구도 나를 구원할 수 없다. 누구도 그 상황을 해결하지 못한다. 오로지 내가 스스로 결정하는 것이다. 내 인생의 구원투수는 내가 되어야만 한다.

새로운 생활에 빨리 적응하라

이혼을 하면 모든 게 달라진다. 삶의 방식이 바뀌기 때문이다. 하물며 삶의 터전도 결혼하면서 집을 장만하고 가구를 들이고 각종 살림살이를 장만했듯이, 이혼하면 각자 집을 알아보고, 살림살이를 나누고, 이사를 하며 달라진다.

이혼 후 새로운 생활에 적응하는 일은 다시 태어나는 일과 같다. 익숙했던 일상을 모두 버리고 처음부터 다시 시작해야만 하는 낯선 순간들의 연속이다. 앞으로 무엇이 어떻게 될지 전혀 모르는 아주 불안한 상태가 계속된다. 나는 이혼하면서 처음으로 혼자 살아봤다. 오늘도 이상한데 내일은 더 이상한 느낌이었다. 그러나 적응해야만 했다. 혼자인 삶에 익숙해져야만 했다. 그래도 낯선 하루하루가 한 달, 두 달이 되니 서서히 적응되어 괜찮아져 갔다. 서툴지만, 한 발짝씩 새로운 세상을 배우고 받아들이는 과정 같았다.

그즈음 나는 모든 걸 새로 시작하기로 하고 침대, 옷장, 책장, 차탁 하나까지 모두 새로 바꾸었다. 낡고 익숙한 것에 묻어 있는 지난 흔적이 나를 속박하지 않도록 했다. 새집에 새 가구를 들이며 나만의 공간을 만들어 갔다. 내가 늘 쓰던 물건들로만 공간을 채우고 나니 비로소 나만의 공간이 생겼다는 안도감과 함께 새로 시작한다는 설렘이 느껴졌다. 이것이야말로 다시 시작하는 내 삶이었다.

남편과 헤어질 결심을 하면서 강아지도 들였다. 그것도 중형견인 시베리아허스키로! 그간 외동인 아이가 조르기도 했지만, 들여봤자 내가 돌봐야 할 게 뻔해 들이지 않았었다. 반려견을 키우는 일은 아이가 조른다고 해서 되는 게 아니었다. 그러나 이혼을 준비하면서 나는 남편 대신 반려견을 선택했다. 누군가는 귀찮아서 개 키우기가 버겁다고 하지만, 어찌 되었든 사랑을 주고받으며 무언가를 돌보는 것에 보람을 느끼는 나로서는 반려견이 큰 위로가 되었고, 살아 있는 친구가 되었다. 반려견 대박이는 그렇게 이혼 후 나의 동반자가 되었다.

대박이는 내 집 같지 않은 집에서 쉬이 잠들게 해주었다. 여자 혼자 사는 집이라 불안한 마음을 잠재워 주었다. 많아진 나의 시간을 대박이와의 산책으로 채웠다. 말 한마디 할 사람이 없는 공간에서 대박이와 대화하고 함께 숨 쉬고 온기를 나누었다. 사람은 없었지만, 혼자가 아니라는 사실에 안도했던 것 같다.

그러나 가구를 바꾸고 반려견을 들인다고 해서 새로운 생활에 완전히 적응하고 안정이 되는 건 아니었다. 이 상태에까지 와 있는 내 모습에 때로는 절망했고, 때로는 감정이 복받쳤다. 내내 이렇게 살고 싶지는 않았다. 그래서 내 안에 슬픔과 분노가 차오르고, 불안할 때마다 차분히 그 감정을 들여다보고, 산책하며 혼란한 마음을 하나씩 비워 나갔다. 어차피 결혼 생활을 유지하는 게 곤혹스러운 일이었다면 이렇게 혼자 사는 게 덜 곤혹스러운 일이라고, 차라리 지금이 더 낫다고, 매일매일 대박이와 산책하며 마음을 다잡았다. 맑은 공기를 마시고 음악을 들으며 하루 서너 시간씩 걷다 보니 어느새 고민은 털려 나가고 마음이 가벼워졌다. 자연스럽게 배가 고파져 나를 위한 요리를 하기도 했다. 사소해 보이는 이런 작은 변화들이 나에게 자유를 안겨 주고, 내가 누구인지 깨닫게 해주는 계기가 되었다. 그러다 보니 천천히 내일 할 일, 다음에 할 일, 올해 안에 끝낼 일들이 떠올랐다. 다시 새로운 목표를 세우기 시작한 것이다. 생각보다 즐거운 일이었다.

사람들과의 관계도 재정비했다. 내게 스트레스를 주는 관계를 과감히 정리했다. 이전 삶과의 단절을 선언한 것과 같다. 너무 자주 만나는 친형제들과도 서서히 거리를 두었다. 내 결혼 생활에 대해 아는 사람들을 멀리한 것 같다. 다시 또 그 이야기를 꺼내는 걸 원치 않았다. 나는 힘들었던 시간으로부터 멀리 도망가고 싶었다. 다르게 살고자 했으니 반복되는 재생 프로그램을 삭제해 더는 보지 않기로 한 것이다. 그게 내 편이든 남의 편이든.

새로운 생활은 나에게 도전이었지만, 동시에 기회라고 생각했다. 새로운 환경 속에서 내가 어떤 사람인지, 앞으로 어떻게 살아가고 싶은지 깊이 고민하며 스스로를 독려했다. 과거에 얽매이지 않고 앞으로의 가능성에 집중하도록. 결국, 적응이란 시간을 들여 나를 재발견하는 것이었다.

한 걸음씩 나아가다 보면, 어느새 낯설었던 강물 속에서도 나만의 리듬으로 헤엄칠 수 있게 된다. 그리고 그때 깨닫게 된다. 새로운 생활이 이제부터 시작된 진짜 새로운 출발이라는 사실을. 그리고 그것이 나를 더욱 강하게 만든다는 사실을.

심신이 지쳐 있는 나에게는 회복의 시간이 필요하다. 새로운 생활에 적응하는 것도, 나 자신에게 관대해지는 것도, 한 번에 해결되는 것은 아니다. 하루아침에 모든 것을 바꾸려 하기보다는 천천히 내게 시간을 주고 기회를 주는 것이 중요하다. 이미 나는 너무나 많이 시달리고 지치지 않았는가?

일상의 새로운 루틴을 만들어라

　이혼 후 가장 먼저 할 일은 나 자신을 위한 삶에 익숙해지는 것이었다. 주어진 무제한의 자유 속에서 새로운 일들을 만들어가면서 하루하루의 삶에 최선을 다하고자 했다. 육체노동 일을 선택했을 때 내 기상 시간은 새벽 4시 30분이었다. 아침 해가 뜨기 전에 해둬야 할 일이 많아 일찍부터 차를 몰고 깜깜한 고속도로를 달렸다. 일터에 이전의 나는 없었다. 신상 로봇처럼 환경에 맞게 착착 일했다. 웃고, 떠들고, 밥을 먹고, 일하고, 새로운 걸 배워나갔다. 고객들에게 상세히 기술과 노하우를 알려주고 코스를 안내하는 일이라 종일 걷고 기다려야 했지만, 베테랑처럼 노련하고 다부지게 일을 해냈다. 그래서 아무도 내가 초보라는 걸 몰랐다. 최선을 다해 열심히 일했던 것으로 기억한다.

　그땐 일할 수 있는 지금이 가장 중요하고, 일을 대하는 태도가 중요했다. 다른 사람들처럼 요령을 피우거나 진상 고객을 험담하지 않았다. 당번이어서 주차장 휴지를 줍는 일도 즐겼다. 깨끗해지면 기분이 좋고, 열심히 일하면 그 자체로 보람 있었으니 말이다. 월급은 중요하지 않았다. 그저 일을 하는 나 자신이, 이렇게 열심히 일하면서 사는 나 자신이 중요했다. 안정을 되찾을 때까지만 일하고자 했기에 불면에서 해방될 즈음에 천천히 다른 곳에 이력서를 넣었다.

　쉬는 날에는 산책을 다섯 시간 정도로 늘려 아주 오래, 무작정

걸었다. 걷는 것이 이렇게 좋은 일인지 살면서 처음 느꼈다. 대박이가 있어서 외롭지 않았다. 교보문고 근처로 이사해서 좋은 건 10분 거리에 언제든 책 구경할 곳이 있다는 거였다. 예전에는 인터넷으로 책을 사곤 했는데, 서점에 다니니 책 구경하는 재미가 쏠쏠했다. 번화한 거리를 구경하는 것도 좋았다. 한번은 급하게 책을 사야 할 일이 있었는데, 다행히 교보문고 경비원 아저씨가 대박이를 맡아 주셨다. 줄을 잡고 있을 테니 얼른 책을 사라고 해서 동네 아저씨 같은 친근함을 느꼈다. 적당히 묶어둘 데가 없어 난감하던 차에 만난 친절은 지금도 감사하다.

시간이 좀 나면 이사할 때 한꺼번에 딸려 온 잡동사니를 하나씩 버리며 시간을 보냈다. 살면서 앞으로 쓸 일이 없을 물건이 어찌나 많던지. 딸려 온 짐 중에는 낚시와 캠핑이 취미였던 남편의 물건이 가장 많았다. 창고 하나를 그대로 옮겨온 거라 어마어마했다. 그중 사용할 수 있는 물건을 밖에 내놨고, 물건은 바로 사라졌다. 아쉬워하거나 아까워하지 않기로 한다. 그렇게 가능하면 물건으로 인해 어떤 기억도 떠오르지 않도록, 대부분을 버렸다. 그러다 또 혼자 있는 시간이 길어지면 무조건 밖으로 나가 산책을 했다. 하루 한 번이던 산책이 두 번이 되고, 세 번이 되기도 했는데 우울감에 빠지지 않을 현명한 방법이어서 피곤하고 지칠 때까지 걷고 또 걸었다.

일하고, 씻고, 산책하고, 밥 먹고, 자고, 서점에 가고, 책을 읽고, 짧게나마 글을 쓰고, 요리하며 시간을 보냈다. 새로운 루틴을 만드는 건 단순히 하루를 채우기 위한 게 아니라, 불안정한 생활 속에서 나를 지탱하기 위한 과정이었다. 그러자 곧 조금씩 안정을 찾아갔고, 그 안에서 다시 살아갈 힘을 찾을 수 있었다.

익숙했던 것을 놓고 새롭게 시작하는 데는 작은 인내와 용기가 필요하다. 무슨 원대한 목표를 세워 힘차게 나아가고 기어이 승리하기 위한 포부가 아니라, 일상을 자잘하게 쪼개어 나를 위해 오늘 꼭 해야 할 일 한두 가지를 떠올리며 그저 하루를 성실히 채우기 위해 바삐 움직였다. 그래서 나에게 대충 때우는 식사는 없었다. 바빠서 식사를 거르면 몰라도, 시간이 나면 나를 위한 건강한 요소가 가득한 것들로 가득 차게 준비했다. 요리하는 습관이 이때쯤 생겼다.

식탁을 없앤 대신 나는 요리를 새롭게 시작했다. 그리고 제법 멋진 요리들을 SNS에 올렸다. SNS 친구들과 많이 소통한 것도 이 시기다. 점차 그들과 소통하는 시간이 길어지고, 친구가 생겼다. 차츰 이전 친구들과는 다른 친구들로 채워지고 있었다.

내가 지금 무엇을 하고 어떤 것을 보고 계절이 어떻게 지나가는지를 실감하며, 그들의 고민은 어떤 것이고 그들의 일상에 어떤 일이 생겼는지 함께 이야기하고 걱정하며 지내자 신기하게도 시간이 빠르게 흘러갔다. 요리도 처음엔 간단한 요리였는데 점점 진화해 배추김치를 비롯한 각종 김치를 섭렵하고 된장을 담그고 명절에나 하던 음식을 평소에 하기까지 이르렀다. 그들의 관심에 답하고자 한 것인지는 몰라도 요리에 심취해 많은 포스트를 올렸다.

누구는 SNS 중독이라고 하고, 누구는 너무 많은 시간을 SNS에 소비한다고 놀렸지만, 나에게는 나름대로 건전하게 시간을 보낸 루틴 중의 하나다. 온라인 인간관계는 많은 시간을 소모하지 않아도 자연스럽게 형성되었고, 오히려 다양한 분야의 사람을 편견 없이 만나게 되어 좋았다. 건축, 경제, 주식, 과학, 광고, 마케팅 종사자들을 몇 년간 눈으로만 보다가 실제로 만나기도 했다. 그렇게 친해진 사람들이 꽤 많았다. 실망스러운 사람도 있었지만 대부분 1차 검증이 끝난 사람들이어서 실제로 만나도 낯설지 않았다. 온라인 친구를 넘어 오프라인 친구가 되는 사람들을 만난 건 새로운 경험이었다.

새로운 루틴을 만드는 건 단순히 시간을 채우기 위한 일이 아니었다. 흔들리는 나를 붙잡는 의식 같은 것이었다. 무언가를 성취하기 위한 노력이라기보다, 매일 꾸준히 조금씩 나를 돌보고 지켜 나가는 일이었다. 그렇게 나의 하루는 점점 나만의 색깔을 찾아갔고, 비로소 그 속에서 살아갈 힘을 조금씩 발견했다.

새로운 사람들을 만나라

사람을 만나는 데는 노력이 필요하다. 게으르지 않다는 느낌을 줄 정도의 외모를 꾸밀 줄 아는 센스도 필요하고, 잘 웃는 좋은 인상도 필요하다. 나 자신에게 시간과 노력을 들이는 일이다. 나에게 새로운 사람들을 만나는 일이란, 정체된 나의 삶을 바꾸기 위한 필요조건 같았다. '열심히 공부하며 자신의 위치에서 더 나아가기 위해 노력하는 사람이 이렇게 많은데, 나는 지금 무엇을 위해 노력하고 있는가' 하는 자극이 되었고, 그들에게 좋은 영향력을 받고자 했다. 특히, 스터디 모임은 공부를 많이 하게 되어 좋았다. 대학 강사를 그만두고 이혼하면서 자기 계발 쪽에서 뒤처져 있다는 느낌이 있었는데, 정기적으로 모여 공부하다 보니 상당히 도움이 되었다.

새로운 사람들을 만나며 참으로 다양한 인간 군상을 보았다. 나이에 비해 허접하고 인격적으로 성숙하지 못한 사람도 보았고, 나이와 관계없이 속이 꽉 차 알짜인 사람도 보았다. 지극히 부정적이고 비판적인 사람이 있는가 하면 또 어떤 사람은 진국이었다. 학계에서는 저명한데 실제로는 현학적이고 용의주도한 사람도 보았고, 사회에서 존경받는 사람이 왜 존경받는지를 알게 되기도 했다. 겉모습만 화려할뿐 실상은 껍데기뿐인 회사 대표도 보았고, 어린 데도 바닥부터 시작해 하나하나 이뤄 나가는 사업가도 보았다. 그러다 어느 순간, 친구들을 만나는 데도 시간과 스케줄을 조정해야 하는 바쁜 나날을 보내고 있는 나를 발견했다. 그리고 모든 만남이 성공적이지는 않았지만, 시행착오를 겪다 보니 내 주변이 좋은 사람들로 재편성되는 것을 느꼈다.

또 사람들을 만나며 내가 그간 아주 오랜 시간 '안전한' 울타리 안에 안주해 있었다는 걸 깨달았다. 그 울타리는 가족을 위한다는 명목 아래 최선을 다해 사는 삶, 쳇바퀴처럼 반복되는 일상을 성실히 꾸리는 삶으로 만든 것이었지만, 그 안에서의 사회적 고립은 피할 수 없었던 것 같다. 울타리 안에서의 안전한 삶은 나의 목소리를 지우고, 삶의 본질적인 질문이나 진정한 나를 찾고자 하는 갈망조차 잊게 만들었다. 그런 점에서 새로운 사람을 만나는 일은 단지 외부 사람을 만나는 게 아니라, 내 안의 새로운 가능성을 맞닥뜨리는 일이었다. 나는 나 자신에게 새로운 환경을 보여주기로 했다. 지금까지 경험하지 못한 세계로 발걸음을 내딛는 것만이 나를 다시 살게 할 유일한 방법이라는 생각이 들었다. 그렇게 워크숍, 강연, 독서 모임 등 예술을 함께 나누는 자리에 참여해 새로운 사람을 만나며, 내 삶의 지평을 조금씩 넓혀 나갔다.

그리고 세상에는 이혼한 사람이 정말 많았다. 그들은 처음 만나는 나에게 기꺼이 이혼에 관한 개인적인 이야기와 재혼 스토리까지를 스스럼없이 말해주었다. 나보다 먼저 절망을 경험한 사람들이기에 내 이야기에도 진심으로 공감해 주었다. 그들을 만나고 내 선택이 잘못된 선택이 아니라는 확신, 지금부터라도 잘 살면 된다는 교훈을 얻었다. 이혼은 인생의 한 시점에 지나지 않는다는 것, 그 시점은 새로운 시작점일 수도 있다는 것도 알았다. 세상에는 나만 이혼한 게 아니었고, 나만 아이와 떨어져 보고 싶어 하는 게 아니었다. 마지막까지 고민하고 애썼지만, 결국 이혼밖에 답이 없던 사람들이 있는 것이다. 나와 다른 분야에서 전혀 다른 일을 하는 사람들 혹은 비슷한 사람들과의 만남은 새로운 시각으로 세상을 바라보게 하는 계기가 되었고, 그로써 나는 나의 삶을 재정의할 수 있었다.

그리고 그 많은 만남에서 소중한 사람을 만났다. 온라인에서만 알고 지내던 사람의 실존을 마주쳤다고나 할까? 내가 적극적으로 밖으로 나가지 않았다면 절대 만날 수 없는 인연으로 생각한다. 또 그때가 아니었다면 만나지 못했을 것으로 생각한다. 서로의 시점이 그랬다. 우연한 만남이었고, 서로의 삶에 깊이 관여하게 될 줄은 그땐 미처 알지 못했다.

그래서 나는 이혼을 하면 고립된 삶은 피하라고 이야기하고 싶다. 그 어느 때보다 자유롭고 만남에 제약이 없는데 굳이 자기 자신을 고립시키면서 괴로울 필요는 없다고 생각한다.

밖으로 나가라. 개를 끌고서 산책이라도 하고, 계절이 바뀌는 것을 체험하고, 어려운 속사정을 이야기할 수 있는 친구를 만들어라. 성별은 상관이 없다. 나이도 상관이 없다. 다른 환경에 나를 던지고, 그 속에서 나를 발견하라고 말하고 싶다.

주변에 이혼했다고 알려라

가족 외의 누군가에게 이혼을 알리는 데는 용기가 필요하다. '알린다'라는 개념을 넘어서 지난날의 나를 다시 한번 마주하고, 지금의 나를 드러내는 일이니까.

사실 어느 정도 준비했음에도 선뜻 말이 나오지 않았다. 여전히 감추고 싶은 마음이 있었고, 이혼이라는 단어가 불편하게 느껴졌기 때문이다. 어떤 실패를 고백하는 것처럼 여겨지기도 했다. 하지만 그것을 숨기는 건 나의 삶을 부정하는 거란 생각이 들었다. 부끄러운 것도 없고 나쁜 일도 아닌 것을 굳이.

엄숙한 유교주의 사상이 무의식을 지배하고 있는 이 대한민국에서는 이혼 사실을 밝히는 것이 상당히 힘든 일이다. 나도 1년 동안은 이혼했다고 말하지 않았다. 그러나 지금은 처음 만나는 사람에게도 이혼 사실을 당당히 말한다. 싱글이라고 밝히면 질척거리는 사람들이 왜 없겠는가? 그러나 그건 차라리 잘된 일이다. 좋은 사람과 별로인 사람이 구별되니까. 가벼운 사람, 버릴 사람, 멀리해야 할 사람이 다 가려졌다. 처음엔 실망하고 분노하고 모멸감을 느꼈지만, 시간이 지나니 웃고 넘길 줄 아는 지혜도 생겼다.

이혼 후 주변 사람들에게 이혼 이야기를 어떻게 풀어놓아야 할지 고민했던 시간도 있다. 그러나 겪어 보니, 모든 사람과의 모든 대화에서 그 사실을 말할 필요는 없었다. 내가 지인으로 여기는 사람들에게만 진실을 말하면 되었다. 어떤 이는 현재 내 상황을 정확히 몰라 남편의 안부나 아이에 관해 물어왔다. 여기에 거짓말하는 것도 실례인지라 솔직하게 말하게 되었다. 더는 남의 시선에 나를 맞추지 않겠다는 결심이 선 것 같았다. 그들이 이해하고 아니고는 중요하지 않았다. 나를 원하고 중요하게 생각하는 사람이면 내 편일 것이고, 나의 변화에 불편한 시선을 두는 사람과는 인연이 없을 것이므로 편하게 모든 걸 이야기했다. 결혼은 과거이고, 이혼은 지나가는 과정이며 지금의 나는 새로운 나라는 것을 알게 되었기에 차분하기도 했다. 그간 짊어지고 있던 '결혼'이라는 틀에서 벗어나, 나 자신으로서의 자리를 잡아가던 시기이기도 했다.

그럼에도 불구하고, 이혼을 알리면 불편한 감정이 남는 날도 있었다. "왜 그랬냐"라는 질문, 그 눈빛을 이해시키기 위해 불필요한 말(나를 설명해야 하는 말들)을 해야 하는 입장에 놓이기 때문이었다. 그래서 지금은 다 설명할 필요가 없다고 생각한다. 설명하고 싶은 사람에게는 설명하고, 설명하고 싶지 않으면 안 해도 된다. 이혼은 삶에 놓인 무수한 이벤트 중 하나일 뿐이다. 나에게서 꽤 중요한 사항을 듣고자 하는 사람이 있고, 그렇지 않은 사람도 있다. 때에 맞게 처신하면 된다는 생각이다.

내가 이혼한 것을 알렸기 때문에 지금의 사람을 만날 수 있었다고 생각한다. 내가 알리지 않았다면, 지금의 그가 이혼했다는 것을 몰랐을 것이고, 내가 그에게 흥미를 갖지도 않았을 거라고 생각한다. 열린 결말을 원한다면 꼭꼭 숨기고 살기보다 오픈하는 게 더 좋지 않을까? 어디에서, 어느 순간에 기회가 찾아올지 모른다. 그때 다가오는 사람들은 잘 판단해 가려내면 된다. 일단 만나보면 답이 나오지 않을까 생각한다.

그리고 지금 나는, 나만의 방식으로 이 모든 걸 받아들이고, 내가 원하는 대로 새로운 사람과 새로운 삶을 만들어 가고 있다.

아이에게도 시간은 필요하다

이혼 후 갖는 아이에 대한 죄책감은 자연스러운 감정이다. 죄책감은 아이가 겪을 변화와 어려움에 대한 책임감에서 비롯된다. 아이에게 상처를 주지 않았을까, 그로 인해 아이가 마음의 짐을 가지고 자라게 되지 않을까 하는 걱정이 끝임없이 나를 괴롭힌다. 이것은 부모라면 갖는 정상적인 생각이다. 자식을 걱정하지 않는 부모는 없다. 나로 인해 아이가 피해 보기를 원하는 부모는 이 세상에 아무도 없으니까.

하지만 나는 이 죄책감을 계속 품고 있으면 결국 아이와 나, 두 사람 모두에게 아픔을 아픔으로만 바라보는 시각을 갖게 할 것 같았다. 뻔뻔해지라는 말이 아니라, 돌이킬 수 없는 일을 계속 후회하고 자책하는 것이야말로 비생산적이고 부질없는 일이라는 뜻이다.

나는 아이에게도 현실을 냉철하게 바라볼 수 있는 시각을 갖게 해주어야 한다고 생각했다. 엄마 아빠는 존재하지만, 더는 가족이란 울타리가 없으니 서서히 독립해야 한다고 말해주어야 한다고 생각했다. 내 아이는 고등학생, 사내 녀석이었다. 괴로워도 둘 다 괴로운 마음에 갇혀 있으면 안 되었다. 내가 극복해야 아이도 극복할 수 있는 것이었다.

아이와의 관계를 다시 생각해 보았다. 부모의 이혼이 아이에게 큰 슬픔을 가져다주리란 걸 모르지 않았다. 아이에겐 시간이 필요할 터였다. 부모의 이혼을 이해하고 받아들이는 시간 말이다. 그 과정에서 나는 아이를 독촉하지 않고 천천히 기다리기로 했다. 아이가 슬픔과 혼란의 시간을 견디어 현실을 받아들이는 그 순간까지, 내가 할 수 있는 일은 그저 변함없는 사랑과 지지를 보내는 것뿐이었다. 부모가 해야 하는 중요한 일은 바로 그 혼란 속에도 '엄마와 아빠가 여전히 너를 사랑한다는 사실에는 변함이 없으며, 네가 필요할 때는 언제든 달려온다'라는 믿음을 주는 것이다. 나는 아이에게 사랑은 여전하다는 것을 알려주고 싶었다.

물론, 아이에게 큰 슬픔을 안겨 준 것은 내가 평생 안고 가야 하는 마음의 짐이다. 나의 죄책감은 사라지지 않을 것이며, 아이는 영원히 내 아픈 손가락일 것이다. 그래서 가끔은 '그래도 엄마나 아빠가 죽은 건 아니니까' 하며 마음을 다스려보기도 하고, 어차피 성장해 독립하면 일 년에 한 번 보는 게 부모이니 미리 겪는 거로 치면 되지 않을까 하기도 한다. 아이가 다 자라면, 부모도 완벽할 수 없고 엄연히는 타인이라는 사실을 받아들일 수 있지 않을까도 생각한다.

현재 아이는 군대를 제대한 성인이 되었다(물론, 내 눈엔 영원히 아이다!). 최대한 가까이서 보살피며 독립할 수 있는 길을 열어주려고 노력 중이다. 편하게 아빠의 안부를 묻기도 하고, 아이의 생활을 궁금해하며 대화하며 지내고 있다.

나는 아이가 나중에 결혼도 하고, 어쩌면 이혼도 할 수 있을 것으로 생각한다. 기왕이면 사랑하는 사람과 오래도록 행복하게 살길 바란다. 그러나 살다 보면 또 생각지도 못한 일이 일어나기도 하고, 어찌 될지는 아무도 모르는 거니까. 그런 면에서 나는 아이에게 끝까지 당부하고 싶은 것이 있다. '어떤 일이 일어나더라도 너무 희생하거나 죽을 정도로 힘들게 타인을 의식하면서 살지는 말라'라고 말이다. 그 무엇도 너보다 우선하지 않는다고 말하고 싶다. 할 만큼 했으면 그만해도 된다고.

재정을 재정비하라

이혼 후 재정을 재정비하는 일은 이제 나를 책임질 사람은 나뿐이라는 자각이 일며 새로운 시작을 준비하는 과정이자, 삶의 목표와 안정성을 확보하는 중요한 일이다. 그래서 나에게는 돈을 관리하는 것 이상의 의미가 있었다.

가장 먼저 한 일은 자산과 부채를 파악하는 것이었다. 예금과 적금, 보험 등 모든 자산을 점검하고, 카드 대금과 대출 같은 부채를 하나하나 적었다. 결과를 내 보니, 나는 가진 자산이 거의 없고, 빚을 갚고 나면 제로에서 시작해야 하는 상황이었다. 어느 정도 예상한 결과지만 실상을 확인해 보니 상황이 심각했다.

우선 정기 구독 서비스를 확인해 사용하지 않는 서비스를 정리하고, 현금을 사용하는 습관을 기르며 철저히 지출을 통제했다. 그리고 월세가 상당 금액 나가고 있었고 소득과 지출이 맞지 않았으므로, 매달 들어가는 생활비와 지출 내용을 세밀하게 검토해 불필요한 소비 습관을 찾아 개선했다. 주거비와 식비 같은 필수 지출은 우선순위에 두고, 선택적 지출을 가능한 한 줄였다. 그렇게 소득의 50%는 필수 지출, 30%는 선택적 지출, 20%는 저축과 부채 상환에 사용하기로 예산을 세웠다.

그리고 긴급 자금을 마련하기 위해 보험 몇 개를 해지했다. 여유 자금 확보는 중요하다. 적어도 3~6개월 치 생활비 정도는 마련해 둬야 마음이 편하다. 정기적으로 재정 계획을 검토하고, 목표가 달라질 때마다 계획을 수정하는 일도 게을리하지 않았다. 이것은 모두 삶의 기반을 다지기 위한 필수적인 준비였다. 시간은 걸렸지만, 이 작은 변화들은 곧 내게 큰 안정감을 주었다.

이혼 후 재정을 체계적으로 재정비하는 건 시간은 걸리지만, 마음에 안정감을 주고 새 삶을 위한 실질적인 기반이 된다. 희망 회로를 돌리자. 이혼 후 재정적 어려움은 당연하고, 일시적이다. 그래야 암울한 마음에서 벗어날 수 있다.

나는 이렇게 지출을 관리한 후, 부채를 줄이는 데 집중했다.

카드 대금과 고금리 대출부터 우선 상환해 이자 부담을 줄였다. 필요한 경우, 낮은 금리로 재융자를 받아 이자 비용을 절감하기도 했다. 상환 일정이 밀리지 않도록 자동이체를 설정하여 신용 점수를 지키는 것도 중요한 일이었다. 그러고 나서 소득을 늘리기 위해 투잡, 쓰리잡을 뛰었다. 주말에도 일하고, 중간중간 파트타임 일을 계속해 작은 수익을 만들어 나갔다. 그리하여 나는 내 이름으로 법인 기업을 세웠다. 낮에는 회사에서 일하고, 저녁에는 주방 이모로 일을 하기도 했다.

바쁘고 힘든 일상에서 몸을 혹사하는 이유는 또 있었다. 다른 생각을 하지 않기 위해서였다. 몸이 피곤하니 잡생각이 끼어들 틈이 없었다. 여유도 없었고, 신세를 한탄하며 누구에게 하소연할 만큼 넉살이 좋은 것도 아니었다. 그저 이 상황을 극복하고 앞으로 나아가고 싶었다. 공부하고 좀 더 알아가야 한다는 압박도 있었고, 새로운 트렌드를 익히면서 경력 전환의 가능성도 열어 두었다.

그러나 저축은 무리였다. 빚이 많았고, 그가 주주 관계를 정리해 주지 않아 중간에 국세청에서 세금이 날아왔다. 따져도 보고 방법도 구해 보았지만, 현실은 요지부동이었다. 하는 수 없이 차를 팔아 이혼 전, 재직 기간 중에 발생한 주주로서의 마지막 책임인 세금을 냈다. 당시 아이 아빠의 재정 상태는 아주 나빠져 있었다. 이 일로 이혼한 지 3년 만에 그를 만났다. 상황이 좋아지면 갚아주겠다는 말은 끝내 듣지 못했지만 "내가 당신 말 안 들어서 이렇게 된 것 같아"라는 사과의 말은 들었다. 그리고 이혼 사실확인서로 이혼 이후 날아온 세금들을 막아 내었다. 이렇게 나는 이혼하고 3년이나 흘렀는데도 같이 살던 시절의 세금을 냈다. 이혼사실확인서는 정말 법적으로, 세무적으로 끝이라는 결론을 내준다고 생각한다. 그 당시에는 억울하고 화가 났지만, 이 또한 시간이 지나면 마음에 두고 있는 성격은 아닌 듯했다. 그제야 모든 연결고리가 다 끊겼다는 것도 참 아이러니였다.

인생 버킷리스트를 세워라

돌이켜보면 참 암울했다. 내 인생은 빛도 들지 않는 긴 터널 같았다. 언제 끝날지 모르는 어둠 속에서 더듬더듬 겨우 방향만을 잡아 걷고 있는 기분이었다. 빚에 시달리며 현실 속에서 숨이 턱턱 막히는 많은 시간을 오직 대박이와의 '산책'만으로 버티던 시절, 내가 꿈꾸던 삶은 점점 멀어져만 가는 것 같았다. 아무리 일을 해도 희망은 보이지 않았고, 매일 반복되는 일상은 고단했다. 아무리 희망 회로를 돌려도 현실은 나아지지 않았다.

그래도 희망을 포기할 수는 없었다. 오기도 나고, '도대체 언제까지 이럴 거냐'라며 항의하는 마음도 있었던 것 같다. 그래서 나는 막연한 희망을 구체적인 꿈으로 바꾸어 나가보기로 했다. 꿈을 꾸는 것만으로도 그 길을 향해 나아갈 수 있다는 믿음으로, 차근차근 버킷리스트를 써 내려갔다. 망상이어도 상관은 없다. 나를 일으켜 세울 힘이 되는 거라면 무엇이든 좋다. 끝내 이루어지지 않아도 괜찮다고 생각한다. 꿈이라도 꾸는 게 어디인가. 죽기 전에 꼭 해야 하는 일을 하나하나 생각하는 것이 중요하다. 최근에는 언젠간 가보리라 생각했던 곳을 나열하며 한 걸음씩 현실로 만들어가는 모습을 상상했다.

나는 터키 카파도키아에서 열기구를 타고 하늘을 나는 것, 북유럽에서 오로라를 보는 것, 크루즈로 지중해를 일주하며 바다와 하늘을 만끽하는 것을 상상했다. 마추픽추와 피라미드 같은 세계 7대 불가사의를 탐방하고 역사적인 장소에 가는 것, 제주도 올레길을 완주하는 것을 상상했다. 자연과 함께하는 그 길에서 삶에 대한 많은 깨달음을 얻을 수 있는 여유가 괜찮을 것 같았다. 일본의 온천 마을에서 전통 료칸에 묵으며 힐링하고, 알래스카에서 고래를 관찰하는 것도 좋을 것 같았다. 또 내 블로그 아이디가 '고래 한 마리'인데 정작 대왕고래를 본 일이 없으니 고래를 구경하면 무슨 생각이 들지도 궁금했다. 상상하면 할수록 이상하게 반은 이룬 것 같은 생각이 들었다.

상상만으로도 이미 이룬 것 같으니 또 다른 상상을 한다. 속물 같지만, 이 빚을 다 갚고 내 소유의 아파트를 마련하고, 아이에게 이 아파트를 물려주는 상상도 한다. '엄마가 비록 이혼은 했지만, 너에게 강남에 아파트 하나는 사서 준다'라는 로또나 맞아야 이룰 수 있는 꿈도 버킷리스트에 추가한다. 그러다 생각 끝에 '현실적인 오피스텔 하나면 어떨까?'로 생각을 정리한다.

나의 버킷리스트에는 나만의 예술적인 감각을 발휘할 수 있는 목표도 있다. VIP 좌석에서 뮤지컬이나 오페라를 관람하고, 뉴욕, 파리, 런던에서 미술 전시회 투어를 하고 싶다. 또 내 공간을 나만의 스타일로 인테리어하고 싶다. 매달 새로운 식당이나 카페를 탐방하는 것도 즐겁고 풍성한 삶을 위한 계획도 세워본다.

나의 버킷리스트에는 일상에서 행복을 찾기 위한 작은 실천도 적혀 있다. 유기 동물 보호소에서 봉사 활동하기, 동네 작은 책방에서 종일 책 읽기, 가장 높은 산 정상에서 일출 보기, 비 오는 날 우산 쓰고 자연 속에서 산책하기 등이다. 희망 중에는 정원을 가꾸어 아름다운 꽃밭을 만드는 것도 있고, 내 이야기를 모아 책을 출판하는 것도 있다. 또 오프라인 북클럽에 참여하여 사람들과 깊은 토론을 나누는 꿈도 있다. 은퇴 후에 하고 싶은 일들도 적어봤다. 여행이나 즐기는 일도 중요하지만, 살아 있을 때까지 일하는 즐거움을 놓고 싶지는 않기에 건강한 삶을 추구하는 것도 중요한 목표 중 하나다.

상상하는 것만으로도 삶은 풍요로워진다. 내가 여행을 떠나는 모습, 아파트의 문을 열고 내가 꿈꾸던 공간에서 즐기는 모습, 내 손으로 무언가를 창작하는 순간들이 모두 내 안에서 현실처럼 생생하게 그려진다.

그것은 허황된 꿈이 아니다. 상상은 결국 내 삶에 실질적인 변화를 일으킬 것이다. 꿈꾸지 않는 사람이 꿈을 이룰 리는 없다. 나는 내가 꿈꾸는 일을 이루는 과정을 통해 행복을 찾을 것이며,

그 과정 속에서 나만의 길을 걸어갈 것이다. 내가 만든 버킷리스트는 단지 내가 이루고 싶은 것들의 목록이 아니라, 지금보다 더 나은 사람으로 성장하고, 더 행복한 삶을 살기 위한 나의 계획이자 여정이다.

그래서 나는 오늘도 이 버킷리스트를 바라보며 희망을 품고 한 걸음씩 나아간다. 어쩌면 원대하고 어쩌면 작은 그런 꿈들이 이루어질 때마다 내 삶은 점점 더 풍요로워지고, 원하는 방향으로 나아가게 될 것이다.

③ 피투성이인 나를 다시 껴안아라

**✂ 혼자서 버티려고 하지 마라,
제일 상처받은 사람은 나다**

 나는 살면서 세 번의 죽음을 목격했다. 한 번을 겪기도 힘든 일을 나는 세 번이나 겪었다. 중학교 2학년 때 뇌경색으로 오랜 투병 생활을 하던 아빠가 돌아가셨다. 그리고 20살 때 셋째 오빠를 교통사고로 갑자기 잃었다. 그리고 몇 해 전 엄마가 돌아가셨다.

 내 삶은 파란의 연속이었을지 모르겠다. 학업을 마치고 운 좋게 대기업에 들어갔으나 몇 년 지나지 않아 IMF가 찾아왔다. 직원 대부분이 명예퇴직했다. 정말 운 좋게 들어간 대기업이었는데, 아무튼 그렇게 됐다. 결혼했을 땐 내 생애 최고로 아름다운 시절이었다. 결혼 생활이 내내 불행한 건 아니었다. 10년 정도는 남들이 부러워할 만큼 행복했다. 사업을 시작하면서 모은 돈으로 아파트를 장만하고, 아이를 낳고, 아이는 튼튼하게 자라주었다. '이렇게 행복해도 되는 것일까?' 하는 마음이었다. 그러나 인생사 새옹지마, 시련은 행복이 고점을 찍을 때 찾아오는 것인가.

돈이 잘 벌리고 아파트와 상가를 사고 자동차를 사고… 너무 일찍 성공한 것은 독이 된다는 어른들의 말처럼, 우리의 이른 성공은 정말 독이 되어 버렸다. 남편의 무리한 투자, 갑자기 터진 금융 위기는 회사를 위태롭게 만들었고, 엎친 데 덮친 격으로 여러 곳의 금융 이자가 감당되지 않을 정도가 되었다. 소득 없이 한 달에 천만 원씩 꼬박꼬박 이자로 나갔다. 나는 다 팔고 정리하자고 했다. 잘 벌리던 시절이 있었으니 다시 벌면 된다고 생각했다. 그러나 생각처럼 모든 게 빠르게 회복되지는 않았다. 그리고 둘 사이에는 균열이 생기기 시작했고, 그 균열은 소리 없이 천천히 서로에게 스며들었다. 나는 그를 불신하고, 그의 결정에 반기를 들고, 그의 반대에 나의 뜻을 관철시키고, 그리고 또 실패했다.

달리기하는 사람은 달리기를 멈추었을 때야 자기 상태를 안다. 내달리는 시간 속에서 자기 모습을 보는 건 어려운 일인 것 같다. 나도 이혼하고 암 수술로 잠시 멈추었을 때야 내가 피투성이였다는 걸 알았다. 이혼까지의 긴 과정, 5년이 넘는 지루한 시간, 이혼하고 이제는 좀 괜찮으려나 했을 때 찾아온 유방암과 엄마의 부고, 바닥난 통장 잔고와 들쑥날쑥한 수입. 죽을 지경이었다. 죽음이 똬리를 틀고 나를 바라보고 있는 것 같았다.

심폐소생술이 필요한 사람에게 어서 일어나서 더 뛰라고 하는 건 잔인한 일이다. 그때 사람들이 나에게 했던 말들이 그랬다. 넘어지면 통증에 따라 일어날 수 있는 사람이 있고, 심호흡도 힘든 사람이 있다. 숨쉬기도 힘든 사람에게 뭘 훌훌 털고 일어나 달리라는 건지, 잔인했다. 나는 좋은 말을 선의로 받아들일 수 없는 지경에 와 있었다.

그러나 어떤 후회도, 어떤 희망도, 어떤 자책도 하지 않기로 다짐했다. 이탈한 영혼이 자신의 육신을 보듯, 한 발짝 떨어지니 피투성이인 채로 아무것도 하지 못하고 누워서 숨만 겨우 쉬는 내가 보였다. 제일 상처받은 사람은 나였다. 내 영혼을 위로할 수 있는 건 오직 나뿐임을 알았다. 나는 나 자신에게 마음을 추스를 시간과 상처를 치료할 시간을 주었다. 나는 나를 기다려 주었다.

귀책 사유가 나에게 있는 게 아니어서 억울하고 분했지만, 이런 마음을 계속 가지고 있으면 더 다치는 건 나라는 걸 깨달았다. 아무것도 없는 바닥에서 다시 시작해야 하는 현실이 참담했지만, 어쩔 것인가? 다시 시작해야지. 정신을 차려보면, 살아야 하는 것이 정답이다. 어떻게든 극복해 그래도 괜찮은 엄마가 되어야 하는 것이 아니겠는가?

내가 나를 껴안아야 한다. 이혼하고 혼자이던 시절은 벽을 보고 살던 시절이다. 말할 사람이 없었고, 누구를 한가하게 만나 하소연하기도 싫었다. 혼자였고, 혼자 버텼다. 그 시절, 일하고 오면 대박이만이 나를 반겨주었다. 2개월 된 녀석을 집에 데려오던 날부터 나에게 위로라고는 대박이가 다였던 것 같다. 아이와 떨어져 생활할 수 있던 것도 대박이가 있어서였고, 내가 밥을 먹는 건 대박이의 밥을 챙겨야 하기 때문이었고, 내 삶을 돌보아야 하는 이유도 모두 대박이를 돌보아야 했기 때문이었다. 게으르게 살 수가 없었다.

어떤 날은 아파서 혼자 병원에 가야 했는데, 아이는 군대에 가 있고 연락할 사람이 없었다. 혼자 택시를 타고 병원에 가면서 정신을 잃지 않으려는 노력에 식은땀이 났고, 급기야 응급실에서 의사와 상담하다 구토를 했다. 퇴행성관절염 때문에 먹은 스테로이드제가 맞지 않은 게 원인이었다. 그쯤 나는 40대 중반부터 시작된 손가락의 퇴행성관절염과 과하게 걸어서 생긴 무릎 문제로 고생 중이었다. 다행히 의사가 봉지를 주어서 낭패를 보진 않았지만, 혼자 있다가 어떻게 되는 날이 와도 어쩔 수 없겠다는 생각이 들었다.

가끔 '죽음에 이르기까지의 과정이 힘들어서 그렇지, 죽고 난 다음에는 무엇이 문제인가?'라는 생각을 한다. 누구 한 사람 찾아오지 않아 시체로 발견된다면, 반려견만이 안쓰러울 뿐이다. 주인 옆에서 홀로 시신을 지켰다는 반려견 소식을 접했을 때, 그것이 남 일이 아니라는 것을 알았다. 혼자 산다는 건 그런 것이다.

그러나 혼자 산다고 해서 혼자 죽을 일을 걱정하고 한탄할 필요는 없다고 생각한다. 국가에서 받을 수 있는 도움을 알아보고, 죽음의 순간에 연락할 수 있는 전화번호 하나 정도를 간직하는 게 그나마 대책이 아닐까. 할 수 있는 일을 하는 게 중요한 것 같다. 며칠 전 동네를 지나다가 국과수 사람들이 나와서 시신을 처리하는 모습을 보았다. 몇 년 전 내가 살던 아파트에서도 그런 일이 있었다. 고독사하는 사람들이 갈수록 늘고 있다. 나의 죽음이 그렇지 않으리란 보장은 어디에도 없다. 혼자 산다면 누구나 겪을 수 있는 일이라고 생각한다. 정말 주변에 아무도 없다면.

그러나 그런 날이 올 때 오더라도, 먹고 사는 일은 늘 엄중하다. 교통사고가 두려워도 생업이 운전이면 운전을 안 할 수가 없는 노릇이다. 나는 재미와 즐거움을 찾기보다 항상 일을 먼저 찾았다. 일이 중요했다. 이전과는 전혀 다른, 완전히 다른 환경에 나를 던졌다. 그곳에서 나는 생업에 몰두한 사람들을 보았다. 나도 그들처럼 바쁘게, 지치도록 일하며 지냈다. 차라리 다행이었다.

이혼하고 초반에는 조금 들뜬 마음이었지만, 그 시기가 지나자 고립된 삶을 살았던 것 같다. 직장에서 마주하는 사람이나 일로 만난 사람들 앞에서는 활발하고 잘 웃었지만, 집에 돌아가면 산책 외에는 아무것도 하고 싶지 않았다. 암 수술을 했으므로 정기적인 병원 검진과 일과 산책 외에는 달리 무엇을 할 생각을 하지 못했다. 병원에 다니는 게 일단 큰일이긴 했다. 병원 일정에 맞춰 각종 검사와 치료로 2년을 보냈다. 또 사람 사는 게 다 비슷하다고, 사람들과 대체로 잘 지내기도 했다. 만나는 사람에게 내 사정을 곧잘 이야기하면서 말이다. 그건 이런 거다. 지하철 계단에서 넘어졌는데 누군가 팔을 잡아 주면, "어제 제가 아파서 병원에 다녀오느라 밥을 못 먹어 힘이 없어 넘어졌어요"라고 설명하는 것. 어차피 헤어질 사람들이고 오래 볼 사람들이 아니니, 내 이야기를 하는 것이 편했던 것 같다. 정말 친한 사람들에게는 터놓기 힘든 말을 그들에게는 아무렇지도 않게 이야기하며 지냈다. 낯 모르는 사람에게 이야기하며 지내는 게 혼자인 것보다는 낫다. 어차피 나와 다르고, 속해 있는 집단도 다르고, 살아온 배경이 달라도 서로 이해하지 못할 것은 없다고 생각한다. 삼시 세끼를 먹고 일을 하고 잠을 자는 것이 똑같은 것과 같다.

만남이 항상 진실해야 하고, 좋은 사람만 만나야 하고, 나와 비슷한 부류여야 한다는 생각은 처음부터 하지 않았다. 자주 거짓말하고 음해해서 뒷말이 많은 사람과도 잘 지냈다. 나와 정치관과 신념이 달라도 사는 이야기로 들어가면 할 말이 있었다. 이전에 어울리던 사람들과 전혀 다른 사람들이었지만, 지내는 데 무리가 없었다. 거기서 누굴 좋아하고 누굴 존경하고 나와 맞고 안 맞고는 상관이 없었다. 어차피 안 맞는다는 걸 잘 알고 있었다. 외톨이인 것보다는 그것이 나았다. 내가 새로운 환경을 설정했다면, 거기에 빨리 적응하는 것이 최선이다. 그렇게 하려면 사람들과도 마찰 없이 잘 지내는 것이 중요했다. 표면적이고 가식적일지 몰라도, 내 생각이 무에 그리 중요하겠는가? 그냥 세상에 나를 맞추고 살았던 것 같다.

혼자서 외롭게 버티는 것보다는 차라리 그게 더 나은 방법이라고 생각한다. 그러다보면, 좋은 사람도 만나고 좋은 인연도 만나게 되는 게 아닐까?

공감하는 친구들로
주변을 채워라

　시간이 흐르면서 상황이 정리되고 일상이 반복되면 이제 싱글의 삶에 적응하는 때가 온다. 조금 외롭지만, 또 혼자가 주는 자유로움이 있다. 내 마음대로 누구의 간섭도 없이 사람을 만날 자유가 있는 것이다.

　이혼을 커밍아웃한 뒤 돌싱 남녀 친구들이 기하급수적으로 늘어났다. 이혼하고 싶어 하는 친구들을 상담하게 되고, 그러면서 종종 재산 분할이나 아이 양육에 관한 상담도 하게 되었다. 결혼 생활을 충실하게 하는 사람들도 이혼할 뻔한 경험을 다 갖고 있었고, 이내 결혼 생활 중 이혼을 결심해 본 적 없는 사람을 찾는 게 더 어려운 지경에 이르렀다. 너무나 많은 사람이 결혼 생활로 인한 갈등을 겪고 있었고, 이혼을 고려하고 있었다. 이혼할 예정인 사람, 이혼을 진행 중인 사람 등 잠정적 돌싱도 많았고, 이혼하고 싱글로 잘 살고 있는 사람, 재혼한 사람 등 이혼 후 제 몫의 삶을 살아가는 사람도 많았다. 그리고 나도 고민을 들어줄 수 있는 사람이라는 점에서 위안을 얻었다.

　사람은 자신의 이야기를 들어줄 단 한 사람만 있어도 죽거나 자살하지는 않는다고 한다. 그들 대부분은 죽을 만큼 힘들어한다. 너무나 복잡해서 이혼할 엄두도 못 내는 사람도 많고, 아이를 생각해 모든 문제를 덮어 두는 사람도 많다. 그리고 생각보다 이혼한 사람이 많다. 어쨌든 이혼은 이제 특수한 상황이 아니라 일반적인 상황이라고 여긴다. 세상에 이토록 이혼했거나, 이혼하고 싶거나, 이혼 후 다시 사랑하고 싶은 사람이 많다니, 놀라울 따름이었다.

내가 이혼에 관한 글을 쓰겠다고 다짐한 것도 이혼한 사람이 생각보다 다수라는 점과 어떻게든 이들에게 도움이 되고자 했기 때문이다. 돈 한 푼 없이 나와 잘만 사는 인간이 세상에 있다는 것을 알리고 싶었고, 당신이 처한 상황이 요즘은 별로 특수한 상황이 아니며, 빨리 고통을 끝내고 사랑을 시작하라고 말하고 싶었다.

주변을 나에게 공감하는 친구들로 채우니, 학부모회의 같은 곳에 가서 고구마 백 개를 먹은 답답한 마음으로 현실적이지도 않은 애들 문제를 이야기하는 번거로움이 없어진 듯 후련했다. 인 서울 한다고 아이들이 무슨 승자가 되겠는가? 대학이나 기업이 모든 것을 해결해 주는 것도 아니고, 우리 때와는 전혀 다른 삶을 살아갈 아이들에게 고전적 성공 방식을 주입하는 건 아닌지 의심스러운 이 시대에. 아무튼, 멀쩡하게 다니던 회사를 때려치우고 아이들 학원 시간에 맞춰 라이딩하는 삶은 아니라서, 자유로웠다. 나는 원래 아이의 자율성을 침해하면서까지 아이를 돌볼 생각이 없는 사람이기도 했다. '호랑이는 새끼를 낳으면 벼랑에서 떨어뜨린다'라는 생각으로 아이를 키워왔다. 그래서 아이가 어정쩡한 대학에 붙었을 때 그냥 대학을 포기하고 군대에 가라고 한 사람이다. 마음만 먹으면 인 서울 정도는 우습다고 생각하는 사람이기도 하고, 중요한 건 아이의 자립심과 생존력이라고 믿는 사람이다. 다 떠먹여 주지는 않으리라는.

아이가 군대에 간 2년 동안 나는 아이와 가끔 카톡으로 연락을 하고, 사람들과 더 많은 교류를 하면서 시간을 보냈다. 인간관계도 꽤 넓어져서 친구의 친구, 지인의 지인들과도 교류하게 되었다. 그러다 보니 더 많은 사연을 듣게 되었다. 그들은 감추었던 이야기를 나에게 여과 없이 들려주었고, 그 사연들은 모두 달랐다. 그건 그들도 같은 경험을 한 사람으로서 나에게 살아갈 힘을 주고자 했던 것으로 느껴진다. 나와 비슷한 경험, 나와 같은 상태, 내가 이상한 게 아니라는 건 굉장한 동질감을 주었다. 그들과의 대화에는 선입견이 없다. 겪지 않아도 될 아픔을 겪고, 죽고 싶었지만 다시 일어난 사람들의 이야기라서 그런 것이 아닐까?

아직도 말 못 하는 많은 이들이 있음을 안다. 나는 그분들에게 적어도 자기 일에서만큼은 이기적인 선택을 하라고 말하고 싶다. 그렇게 가슴앓이하고 혐오하고 증오하다가는 병에 걸릴 수 있다고(내 경우는 암이었다) 귀띔하고 싶다. 힘들게 견딘 만큼 인생은 망가진다.

당신의 고통에는 아무런 보상이 주어지지 않는다. 당신의 삶에 젊음과 행복, 낙 없이 고통스러운 기억만 가득하다면 그만했으면 한다. 대화나 사랑을 이어갈 수 없는 관계라면 빨리 결정하는 것이 그 지옥에서 벗어날 수 있는 유일한 방법이라고 말하고 싶다.

당신은 이미 할 수 있는 모든 것을 했으며, 당할 수 있는 모든 모멸을 다 겪었다. 더는 남은 인생을 소진하지 말자. 이혼해도 잘 살 수 있다. 이혼하면 불행할 거라 걱정하는 건 기우이다.

아무래도
괜찮다

이보다 더 나쁠 수는 없다. 더 나빠 봐야 기껏 죽음이다. 나는 나의 정체성이라고 생각해 오던 일과 직장을 잃고 난 뒤, 남편과 함께 사무실을 얻어 회사를 차렸다. 남편은 영업을 담당했고, 나는 회사 안에서 기획, 디자인 그리고 직원들을 챙겼다. 고비도 있었지만, 차근차근 회사를 잘 키워나갔다. 내 회사라고 생각하며 열심히 브랜딩한 덕분에 업계에서 알 만한 사람은 아는 정도로 키워냈다. 기획자인 나의 몫이 크다고 생각한다. 남편의 운영 방식이 마음에 들지 않아 대표 자리를 내놓으라고 한 적이 없는 건 아니다. 그러나 가장인 남편을 실업자로 만들 수는 없었다. 그래서 차라리 내가 회사를 나갈까도 몇 년을 고민했는지 모른다. 그러나 내 회사를 내가 버린다는 건 생각만으로도 너무 힘들었다. 내가 나가면 브랜드 관리가 제대로 안 되어 도태될 게 불을 보듯 뻔했다. 3년을 못가 망할 수 있다고 생각했다. 내가 키운 내 회사이고, 회사가 힘들고 어려울 때마다 전면에서 싸운 사람은 나인데, 회사를 버린다?

친정에 빚을 내어 직원들 월급을 준 것도 나, 매년 회사의 방향과 전략을 세운 것도 나, PT가 있으면 아이디어와 기획을 해서 피땀 흘려 따낸 것도 나인, 내 회사였다. 사람을 뽑고 내치는 것도 내 몫이었다. 겉으로 폼 나고 지시하는 사람이 대표일지 몰라도 나는 뒤에서 욕먹으면서 어려운 일을 도맡아 뒷정리까지 하는 사람이었다. 사실 이혼하는 것보다 내 회사를 나온다는 것이 더 어려웠다.

가족이라는 울타리 또한 끝까지 내려놓고 싶지 않았다. 내 사전에 이혼은 없다는 생각으로 어떻게든 모두 지켜내고 싶었다. 내가 먼저 이혼을 요구한다고 해서 가해자인 것은 아니다. 이혼은 피해자이면서 가해자이고, 가해자이면서 피해자가 되는 이상한 전쟁이다.

그냥 삶이 물이라고 생각했다. '흘러가겠지, 흘러가다 어딘가에 정착하고, 굽이굽이 돌아 떨어지고 떨어져서 이내 바다로 가겠지, 그런 다음에는 모든 것이 정리가 되겠지'라고. 힘든 전쟁을 치르고 나니 나에게는 폐허만이 남아 있는 것 같았다. 이미 암 환자였고, 모아 놓은 재산이 없었고, 중년이었다. 과거 내가 이뤘다고 생각한 모든 게 한순간에 물거품처럼 사라졌다. 그러나 후회하지는 않기로 했다. 모든 게 괜찮다고, 차라리 다행이라고 생각하기로 했다. 어쨌든, 인생의 커다란 결정 하나는 한 것이고, 내 삶에서 획은 그은 것이니까.

이제는 예전과는 전혀 다른 삶을 살리라는 생각을 한다. 이 정도 건강함이면 괜찮다고도 생각한다. 어차피 한 번 살다 가는 것이 인생이고 그간 할 만큼 했다. 그러니 이제 혼자 노력하면서 살아도 이전보다 나은 삶이라고 여긴다. 그렇게 나를 위로한다. 그리고 남의 평가에 귀 기울이고, 지난날을 후회하며 아까운 시간을 낭비하고 싶지도 않다. 또 당시에는 이런 것들에 신경 쓰는 것 자체가 사치이기도 했다. 당장 이번 달 내야 할 월세, 세금, 이자 비용, 식비, 교통비, 대박이 사룟값이 걱정이었다. 그래서 돈이 생기면 사료와 쌀부터 사고 금융권에 갚아야 할 돈을 냈다. 이것만 잘 처리할 수 있으면 앞으로 다가올 미래 따위는 아무래도 괜찮았다.

항상 지금보다 더 최악은 무엇일지를 생각하며 살았던 것 같다. 일만 하다가 갑자기 건강이 악화된다거나 대박이가 아프거나 교통사고라도 나면 정말 큰 일이었기에 그것 외 다른 사건 사고는 다 헤쳐나갈 수 있다고 생각했다. 사업에 실패하고 생활고에 시달리다 자살하는 사람들 이야기는 언제나 뉴스에 나온다. 그 일이 결코 남의 이야기가 아니라는 걸 나는 알고 있다. 내가 비극의 주인공이 되지 말란 법도 없다. 그렇게 되면 아이는 엄마가 이혼하고 생활고에 시달려 자살했다는 트라우마를 평생 고통스럽게 간직하고 살게 될지도 모른다. 그것만큼은 하지 말아야 했다. 어디 트라우마를 줄 게 없어서, 나약한 엄마의 모습을 보여준다는 말인가? 그것보다는 지금이 낫지 않은가? 대박이와 둘이 사는 지금이, 일해서 한 달 한 달 사는 지금이, 예전보다 더 행복하지 않은가라는 생각. 더 이상 다가오지 않을, 어찌해도 알 수 없는 불안한 미래로 현재를 속박하지 않기로 했다.

그래서 남들은 하지 않는 이런저런 일을 하고 투잡, 쓰리잡을 하면서도 창피하거나 나를 불행하게 여기지 않았다. 나는 이런 일을 할 사람이라고 여기는 게 아니라, 떳떳하게 돈을 버는 주체적인 사람이라고 여겼다. 노동은 신성한 것이다.

인생의 바닥까지 가니 비로소 인생이 보였다. 웃음을 팔거나 양심을 파는 비루한 일만 아니면 떳떳한 것이었다. 그 일이 나를 살리고 내 아이를 지킨다면, 아무리 힘들어도 감사한 것이었다. 그 생각은 지금도 변함이 없다.

그래도 아무 일이나 닥치는 대로 하지는 않는다. 몸을 혹사하면 안 되는 사람이기도 했고 아무리 돈을 많이 벌 수 있는 욕심 나는 프로젝트라고 해도 끝이 안 좋을 게 뻔한 일은 하지 않는다. 오히려 돈이 안 되더라도, 피곤하고 힘든 일이더라도 투명하고 내가 끝까지 책임지고 컨트롤할 수 있는 일을 했다. 그래서 당시에는 크몽 같은 플랫폼을 통해서 몇만 원짜리 일도 기쁘게 했다. 시쳇말로 놀면 뭐 하나 하는 생각과 누군가는 이런 작은 단위의 일도 성실하게 해내는데 투덜거리는 건 올바르지 않다고 생각했다. 또 희한하게도 적은 금액의 일을 잘해 주면 상대편에서 아주 고마워했다. 상대방도 적은 금액이라는 것을 알기 때문인 것 같다. 나는 그런 작은 일에도 기쁨을 느꼈다.

일에는 허튼 것이 없다. 이대로 대박이와 잘 살 수 있다면(대박이는 이후 내 곁을 떠났지만), 내가 일하면서 최소한의 자존심을 지킬 수 있고 한 인간으로 대접받을 수 있다면 그 어떤 일을 해도 괜찮았다. 일에는 귀천이 없다. 성실한 돈에는 경중이 없다.

상처에 익숙해지기

✂ **트라우마 없는
삶은 없다**

쉽고 안락한 인생이 과연 존재할까? 모든 걸 다 가진 것 같은 그들이 과연 행복하기만 할까? 그렇지 않을 것이다. 많이 가지면 가진 대로, 가난하면 가난한 대로 각자의 어려움이 있다. 사실 인생은 모두에게 공평하다.

대학을 졸업하고 정말 운 좋게 대기업의 인턴사원이 되었다. 계약직으로 1년 반이 지났을 무렵 경력사원으로 채용이 되었다. 운이 좋았다. 이미 정사원만큼 많은 프로젝트를 담당하고 있었고, 적응이랄 게 없었다. 그러나 경력사원이 되어 본격적으로 일한 지 얼마 안 되어 IMF라는 초유의 사태가 발생했다. 대규모 실업과 대량의 부동산 매각, 금융 불안 등에 대기업과 은행마저 매일매일 무너져갔다. 당시 인테리어팀이 합쳐지며 100여 명 남짓한 팀원이 10여 명으로 축소되었다. 나머지 인원은 명예퇴직을 받아들여야만 했다. 이럴 줄 알았다. 내 인생에 호재는 없었다. 항상. 그냥 주어지는 일은 없었다. 노력하고 노력해도 노력에 배신당하는 것 같았다. 이런 일이 너무 많아서 '내 인생이 그렇지 뭐' 하면서 살던 시기가 길었다.

나를 추천했던 교수님이자 이사님이기도 한 분께 돈을 떼이는 일도 있었다. 회사까지 와서 "둘이 결혼한 건 내 공이 큰데 무슨 돈을 받으려 하냐"라고 했다. 창업했을 때 클라이언트 대부분은 전에 같은 회사에 다니던 부장님, 이사님들이었다. 일을 받아 날을 새며 한 컷 한 컷 투시도를 그렸는데 금액이 커지자 돌아온 대답은 그냥 돈을 안 주겠다는 거였다. 차라리 회사 사정이 좋지 않았으면 이해라도 했겠지만, 그는 사제지간 이야기를 꺼냈다. 종종 지도 교수님들이 사회에 진출해 대표가 된 제자에게 그러한 모습을 보일 때가 있는 것을 알긴 했으나, 너무 노골적으로 금액을 지불하지 않았다. 15만 원, 20만 원 하던 투시도 금액이 3,000만 원이 넘었는데도 말이다. 그러나 인생은 아이러니하다. 그분은 부하직원에게 돈을 빌려 조각조각 갚다가 큰 사기를 당해 회사 문을 닫았다.

사실 이런 일들은 사업 초기에나 있었고, 사업의 규모가 커지면서 친한 지인에게 혹은 클라이언트에게 돈을 떼이는 일이 많아졌다. 한 해에 2~3억 원은 기본으로 받지 못했다. 매출의 10%는 늘 이런 식이었다.

가족에게 받는 압박도 있었다. 다행히 나의 경우, 시댁은 도와주면 도와주었지 돈으로 힘들게 하지는 않았다. 다만, 남편이 잘못하면 시아버지는 강하게 나를 비난했다. 아들 편을 드는 것이었다. 나는 나를 압박하는 이 수많은 문제의 원인이 남편이고 아이 아빠라고 생각했다. 아킬레스건이었다. 다행히 이 트라우마는 관계를 끝내자 사라졌다.

이혼하고 처음 암이라는 것을 알았을 때 성모병원에서 집까지 울면서 걸어갔던 일이 기억난다. 병원을 나서면서 줄기차게 흐르는 눈물을 주체할 수가 없었다. 서럽고 억울했다. 모든 불행이 왜 나에게만 이렇게 대차게 몰아치는 건지 도무지 이해되지 않았다. 이참에 죽으라고 이 난리인가 싶기도 하고, 돈 한 푼 없이 이혼해 수술비도 없는 마당에 일도 못 하게 되면 어쩌나 막막하기만 했다.

그러나 아들은 너무나 차분하게 "항암 안 들어가는 게 어디야? 다행이네"라고 말했다. 아이가 더 담대했다. 순간의 억울한 감정도 하루이틀 시간이 지나자 곧 다행이라는 생각으로 바뀌었다. 더 비극적인 순간들도 있을 텐데 이 정도면 다행이라는 생각을 했다.

수술하던 날은 아주 생생히 기억난다. 혼자 영화나 드라마에서나 보던 수술방으로 들어갔다. 수술이라고 하면 차가운 매트가 가장 먼저 생각나는데, 그래도 담당 간호사가 수면제를 넣어주면서 "너무 걱정하지 마세요. 다 잘될 거예요"라며 내 귀에 속삭여주어 따뜻했다. 그 말을 듣자마자 나는 잠시 세상에서 없어졌었다.

깨어났을 때 창밖에는 2월의 춘설이 내리고 있었다. 춥진 않았지만, 많이 아팠고 나는 살아 있었다. 수술 후 회복실에서 하루이를 지내며 다시 일을 알아보았다. 아프니 좀 더 집에서 가까운 곳에서 쉽게 할 수 있는 일을 찾았다. 일을 찾아 면접을 보고, 합격을 하고, 피주머니를 차고 교육을 받았다. 그 기간에 엄마가 돌아가셨다. 엄마를 묻고 와서 아침에 베란다 문을 여니 벚꽃이 활짝 피어 있었다. 3월 어느 날 벚꽃이 한창이던 아주 따스한 봄날에, 사람들은 모두 나와 행복한 사진을 찍고 있었다. 지랄 맞은 봄이었다.

생각해 보면 내 트라우마는 '나는 늘 불행하다'라는 믿음이었다. 그래서 행복할 때 가장 불안했고, 다시 용기 내어 날더라도 날개는 밀랍 인형처럼 녹아내릴 것으로 생각되었다. 나는 가장 행복한 시간이 불안한 사람, 그래서 조금은 불행한 것이 오히려 더 편한 사람이었다.

그러나 이혼이라는 큰일을 겪고 나서는 좀 변한 것 같다. 아주 작은 일에도 감사하게 된 것이다. 불행하지만 않으면 행복한 것으로, 별일 없으면 행복한 것으로 생각한다. 병원 갈 일이 없으면 행복한 것이고, 밥을 먹을 수 있으면 행복한 것이고, 함께 맛있는 저녁을 먹을 수 있는 사람이 있으면 행복한 것이고, 이번 달 세금 문제를 다 해결하고 내 월급을 가져갈 수 있으면 행복한 것이다. 주말에 일하지 않고 쉴 수 있으면 행복한 것이고, 한강에 나가 산책할 수 있으면 행복한 것이다. 어쩌다 아이와 영화를 보면 행복하고, 함께 바람 쐬러 멀리 나갈 수 있으면 더 행복하다. 그러다 보니 이제 불행은 멀리 도망가는 것 같다는 생각을 한다. 밥을 먹어도 행복하고 커피를 마셔도 행복한데, 불행할 틈이 없는 것이다.

누구에게나 트라우마는 있다. 트라우마가 없다면 그건 전혀 상처받아 본 적 없는 삶이라는 것인데, 상처받지 않는 사람이 어디 있겠는가? 누가 상처를 주는 건지는 중요하지 않다. 상처의 원인을 제거하면 될 일이니까. 방법은 아주 사소한 것에 만족하고 감사해하며 행복을 찾는 것이다. 나는 그간 이 쉬운 방법을 찾지 못해 못하고 살았다. 그러나 이제 트라우마에 갇혀 살지 않는다. 트라우마 없는 삶은 없다. 내가 트라우마를 만들지 않으면 된다.

버릴 것과 간직할 것

매일매일 감사해하고 행복하다고 느끼며 살다 보니 고통스러운 일들은 다 잊은 줄 알았다. 그러나 고통은 DNA처럼 내 속에 아주 세세하게 새겨져 있다는 것을 안다. 그것을 드러내지 않고 곱씹지 않고 마음에 담아두지 않았을 뿐이었다. 폭발시켜 봐야 타인을 해칠 것도 아니고 또 혼자 삭히겠지만, 이젠 억울한 감정조차 들지 않지만, 가끔 목적 없는 인생인 것 같아 외로울 때가 있다.

요즘 가장 고통스러운 건 무지개다리를 건넌 대박이 생각이 날 때다. 일부러 사진도 보지 않고, 찍어둔 수많은 영상도 애써 보지 않는다. 어쩌다 대박이와 비슷한 반려견을 보면 처음엔 웃다가 이내 마음이 아파서 오래 보지 못한다. 대박이 사진을 보다 보면 이내 눈물범벅이 되곤 한다. 내 곁에 아무도 없을 때, 힘든 시간을 보내고 있을 때 함께 생활하며 희망의 끈을 놓지 않게 한 건 대박이였다. 지금도 그 힘든 시간을 함께해준 아이에게 보호자로서 완전히 책임을 다하지 못한 것 같아 슬퍼질 때가 많다.

 매일 산책하고, 사료에 직접 만든 간식을 섞어 주고, 잘 돌보았다. 그러나 집은 턱없이 좁았고, 다리에 난 종양을 수술시키고 앞을 잘 보지 못했을 때 조금 더 좋은 병원에 데려가지 못한 것을 아직도 후회한다. 가깝단 이유로 선택한 병원은 산책을 시킨다고 해놓고 한 번도 시키지 않았다. 대박이는 보호자인 내 앞에서 오줌을 쌌다. 제 발에 자기 오줌이 묻으면 기겁하는 아이였는데, 얼마나 참았으면. 대박이를 다른 병원으로 옮기기 하루 전날 발작이 왔고, 스테로이드제를 놓겠다는 연락이 온 다음 그대로 대박이가 죽었다. 의료사고일 가능성이 농후했다. 그리고 나중에 규모만 컸지, 비슷하게 잘못된 아이가 많아 소송이 잦은 병원이었다고 들었다. 나와 9년을 같이 살다간 대박이가 그렇게 떠났다.

 휴가 나온 아들과 같이 장례식을 치르고 혼자 남았을 때, 나는 대박이의 유골함을 매고 그동안 함께 다녔던 길을 걸었다. 쏟아지는 비를 맞으며 함께 걸었던 그 모든 길을 걸었다. 남편을 마음에서 버리고 들인 자식 같은 반려견이었다. 누가 찍어주지도 않아, 같이 찍은 사진은 3장에 불과했다. 내 핸드폰에는 아들 사진보다 대박이 사진이 더 많다.

내가 자식이 없었다면 같이 무지개다리를 건너지 않았을까를 생각한 일이 있다. 그만큼 힘들었다. 모든 걸 대박이의 따스한 온기에 의지했던 시절이 있었으니까. 생각보다 펫로스 증후군이 심해서 대박이가 죽은 이후 두 달 동안 아무것도 하지 않고 잠만 잤다. 깨어 있는 것이 고통스러웠다. 자식을 잃은 느낌이어서 거의 1년 동안은 그 상처를 안고 살았다. '겉모습은 달라도 영혼의 무게는 같다'라는 말이 있다. 힘든 시간 내게 와서 천사처럼 웃어 주던 아이의 죽음은 그만큼 무거운 것이었다.

시간이 흐르면 부모의 죽음도 받아들이듯이 대박이의 죽음도 받아들이게 될 것이고, 사진을 보면서 계속 울지 않을 거란 걸 안다. 시간은 많은 것을 극복하게 한다. 돌아가신 지 40년이 넘은 아버지나, 25년이 지난 셋째 오빠나, 5년이 지난 엄마나, 5년이 지난 나의 이혼이나, 1년 반이 지난 대박이의 죽음이나. 모두 한 영혼이 깨지고 다치고 죽을 것만 같았던 고통이었으나 먼 죽음은 먼 기억으로, 가까운 죽음은 가까운 죽음으로 기억한다. 상처와 고통스러운 기억, 아픔은 잘 버려지지 않고 잠시 묻어 두는 것 같기도 하다. 고통스러운 기억은 되도록 잊은 듯이 살아간다. 계속 그 기억 속에 있지 말고, 다른 행복하고 소소한 일들을 떠 올리는 것이 훨씬 나은 일이다. 고통은 되도록 기억하지 않는다. 그보다는 남은 생을 어떻게 살다 갈 것인가를 고민하는 때 훨씬 나다워지는 것 같다. 고통은 버리고, 추억은 간직하자.

슬픔 속에만 있지 말자. 세상에 아름다운 것이 얼마나 많은가? 봄만 되면 세상을 온통 분홍빛으로 물들이는 벚꽃과 싱그러운 바람들, 놓칠 수 없는 선명한 초록색과 봄비, 한여름 뜨거운 태양 아래 빛나는 파란 바다, 가을을 로맨틱하게 물들이는 낙엽, 겨울 온 세상을 하얗게 덮어 버리는 새하얀 눈꽃들. 앞으로 살면서 몇 번의 봄과 몇 번의 가을을 맞이할지 모르지만, 내가 살아 있어서 행복하다는 걸 나는 자연을 통해 배운다. 그저 주어진 공기, 그저 주어진 하늘, 그저 주어진 바람이 아닌 것 같다. 누구와 다투지 않아도 행복한 자연을 그저 보는 일은 참으로 감사한 일이다.

살면서 행복했던 순간은 생각 외로 많았을 것이다. 아이가 태어나던 순간, 아이가 첫발을 내디디던 순간, 엄마라고 말하던 순간, 같이 유럽 여행을 했던 순간, 엄마라고 부르며 활짝 웃으면서 안기던 순간, 요리사 모자를 쓰고 엄마를 위해 쿠키를 구워 왔던 귀여웠던 순간은 지금 생각해도 행복하다. 평생 간직해야 할 고마운 순간일 것이다. 처음 대박이를 입양하던 날도, 내 집을 마련했던 날도, 내 차를 처음 샀던 날도, 아들이 제대하던 날도 모두 감사하고 행복한 순간들이었다.

내가 죽었을 때 무엇을 간직하고 무엇을 버릴 것인가를 고민해본다. 상처는 버리고 기억하지 않는 것이 좋겠다. 지금 당장은 누군가가 원망스러워도 세월이 흐르면 희미한 옛 기억의 한 자락으로 남을 것이다. 이혼한 지 몇 년이 지나 그를 봐도 아무런 감정이 없는 나를 보았다. 그와 살았던 20년도 지나가는 한 세월일 뿐이지 현재가 아니다.

현재를 살아야 한다. 지금이 중요하다. 과거의 내가 쌓여 현재의 내가 되었듯이, 현재의 나는 미래의 또 다른 내가 될 것이다. 지금 아프지 않다는 걸 중요하게 생각해야 한다. 과연 무엇을 버리고, 무엇을 간직해야 하는지 곰곰이 생각해 볼 일이다.

나를 죽이지 못하는 고통은 나를 성장시킨다

드라마 〈나의 아저씨〉에 21살 지안이의 반복되는 고통과 현실을 벗어나고 싶은 마음을 표현하는 대사가 있다. "내가 21살이기만 할까? 한 번만 태어났으려고? 내 생애 60살씩 살았다 치고 500번쯤 환생했다 치면 한 3,000살쯤 되려나?"

나는 사람들 모두 죽고 싶을 만큼 어려운 매 순간, 죽었다가 다시 태어난다고 생각한다. 누구도 편안하기만 한 삶은 없고, 살갗이 뜯겨 나가는 아픔과 심장을 관통하는 억울함과 죽을 만큼 슬픈 마음을 극복하면서 살아간다고 생각한다. 어디 한 번만 죽었을까? 우리는 이미 죽었을 고통, 몇 번은 겪었을 아픔, 그리고 끝내 다시 태어나는 기적을 이루면서 살아가고 있는지도 모른다.

내 이야기를 쓰면 소설책 열 권은 더 될 거라는 사람들이 있다. 한 장르가 끝나면 다시 다른 장르가 시작되고, 매번 슬픔과 고통이 교차하는 삶을 극복하는 사람들이다. 한 번은 방황하는 청춘과 학교폭력을 다룬 학원물이다가 사랑이 시작되어 멜로물로 바뀌고, 결혼해 가족 드라마였다가 법정물로, 리얼 다큐멘터리로 넘어가는 것이다. 이 모든 장르를 복잡하게 넘나드는 것이 삶의 또 다른 얼굴이라고 생각한다. 삶은 '죽거나 다시 살거나'이다. 큰 고통에도 여전히 살아 있다는 것은 어떤 고통도 나를 죽일 수 없다는 증거이며, 살아 있다는 건 다시 시작해야 한다는 뜻이다. 결코, 삶을 포기할 수 없다는 말이다.

어쩌면 슬픔과 고통이 주는 교훈은 '삶은 완벽하지 않으며, 완벽할 필요도 없다는 것'인지도 모른다. 나는 60살씩 살다가 500번쯤 환생한 것일지도 모른다. 자꾸만 태어나서 고통을 느끼고 다시 죽고 다시 태어난 것일지도 모른다. 노년의 어느 순간 편안함에 이를지는 모르지만, 나는 그 끝을 알 수 없으니 계속 나아갈 수밖에 없다. 삶의 불분명함, 완전하지 않음을 숙명처럼 안고 살아가는 인간의 운명이 그렇다.

그럼에도 불구하고, 나는 늘 성장형 인간이 되고 싶다. 죽기 전까지도 계속 성장하는 인간이 되고 싶은 바람이 있다. 나는 매 순간 살려고 발버둥치고, 새로운 아이디어를 내고, 어떻게 살 것인가를 고민하고 실천한다.

또 우리는 관계 속에서 존재하는 인간이기에 자꾸만 다른 이의 삶에 관여한다. 부모의 삶에 관여하고, 배우자의 삶에 관여하고, 혈연으로 맺어진 사람에게는 간섭하기도 한다. 자유를 추구한다는 사람도 실상은 인간관계 내에서 자기 삶을 규정하며 무수한 희생을 치르기도 하고, 책임과 의무에서 벗어나지도 못한다. 그것이 과연 나의 삶인지 한번 생각해 볼 필요가 있다.

우리는 늘 주변 환경과 타인의 기대에 휘둘린다. 누군가가 만들어 놓은 기준, 사회가 정한 성공의 틀에 자신을 끼워 맞추려다 보면 어느새 진정한 자신을 잃어버리기도 한다. 하지만 '내 삶은 내가 규정한다'라는 한 가지 의지는 꺾인 일이 없는 것 같다. 나에게 있어 자유의지는 아주 중요한 것이기 때문이다.

내가 나의 삶을 규정하지 못하면, 결국 다른 누군가가 내 삶을 대신 규정하게 된다. 내가 내린 선택과 그 선택에서 비롯된 결과는 모두 나의 것이다. 그 사실이 나를 강하게 만든다.

PART 3

다시,
사랑해야 한다

새로운 사랑에
10가지

나는 늘 옳은 선택을 했~
또한 내가 책임질 것이다. 나는
것이다. '이것이 운명이었구나'
결혼 생활을 너무나 잘 안다. 다시
필요 없는 사람이 나타날 때까지
가장 중요한 것은 타협하

것은 첫 번째
어 일상에 그와 내
르지 않는다. 그리고
않으며 서로를 좋은
하게 된다면 후회

# 새로운 사랑에 관한 10가지 조언

✂ **세상은 넓고,**
싱글은 많다

　세상은 넓고, 싱글은 많다. 이혼한 사람은 정말 많고 이혼 조정 중이거나 재혼한 사람도 가끔 본다. 나는 이혼을 커밍아웃한 이후로 이혼한 사람을 많이 알게 됐다. 이혼을 알리자 그들도 이혼했다고 알려온 것이다. 이상한 동질감이 생기는 시점이었고, 세상의 반은 이혼 사람이라는 생각이 들 정도였다. 사연도 하나같이 드라마에나 나올 것 같은 아프고 힘든 사연들로, 결코 평범하지 않았다. 각기 다른 고통과 상처를 안고 살아가는 사람은 생각보다 많았다.

　어떤 대표님은 명문대를 나와 부잣집에 데릴사위처럼 들어갔다. 그런데 처음부터 아내와 성격이 맞지 않았다고 한다. 아이를 낳으면 달라질 거라는 기대에 아이를 낳았지만 결국 이혼했다. 그리고 아이를 가르치던 과외 선생님과 재혼했다. 아이만 낳고 사라진 전처는 장인이 완벽하게 신분 세탁했다는데 지금은 어디에서 어떻게도 사는지 알 수 없다고 한다. 아이를 생각하니 평생 엄마 얼굴 한 번 보지 못하고 사는 삶일 거라 안타까웠다.

또 고3 때 짝꿍이었던 현아는 돌이 지나자마자 부모님이 이혼해 엄마와 살았다. 아빠 얼굴 한 번 보지 못한 게 한이었던 것 같은데, 현아는 대학에 들어가면 아빠가 한 번은 찾아와 주리라 생각했다고 한다. 그러나 아빠는 현아를 한 번도 찾지 않았고, 아빠가 재혼해 아들을 낳아 미국에 이민까지 간 것을 알게 된 현아는 내 앞에서 내내 울었다. 너무 안 좋게 헤어져 평생을 보지 않고 사는 사람은 많다. 그러나 피붙이까지 보지 않는 사람도 있는 것이다.

또 내가 만난 대그룹 임원은 서류상 이혼 사유는 성격 차이였지만, 진짜 이유는 다르다고 했다. 아내는 남편이 일밖에 모르고 가정에 소홀하다는 게 이유였고, 남편은 섹스리스인 게 이유였다. 자신을 거부하는 아내와 10년이나 산다는 건 자존심에 상처를 입는 일일 것이다. 7살 연상인 아내와의 나이 차도 극복했는데 이혼한 것을 보면, 사실 그 부부가 극복하지 못한 건 워커홀릭과 독박 육아의 간극이 아니었을까 가늠해 볼 뿐이다.

나이가 들면 40대 중반이나 50대 초반이나 모두 비슷하게 보인다. 중년에 들어서면 나이를 밝히지 않는 이상 연령을 유추하기가 힘들어진다. 학생 때처럼 한 학년 차이면 하늘 같던 선배 개념도 없고, 나이 계산법도 청춘일 때와 다르다. 아무튼, 나이가 무색해진다. 그야말로 같이 늙어가는 것이다. 그리고 이들과 이해의 폭을 넓혀가는 것은 다양성에 기인하지만, 어떤 아픔을 지녔는지를 아는 것도 중요한 것 같다. 사랑은 공감에서 시작하기 때문이다.

단언컨대, 사랑은 공감에서 시작된다. 사랑에 나이는 그다지 중요치 않다. 중요한 건 상대가 어떤 마음인지, 그에게 내가 여자로 보이고 내가 그를 남자로 보는지다. 또 요즘에는 사랑이 국경도 초월한다. 다문화 사회로 변화하면서 국제결혼이 꾸준히 증가하고 있기도 하다. 외국인과 내국인 커플, 연상연하 커플은 이제 흔하다. 또 초혼인 남성과 재혼인 여성 커플도 많다. 여성의 자녀를 제 자녀처럼 살뜰히 키우는 사례도 본다. 사회적 편견도 줄어들어 정말로 다양한 형태의 가족이 탄생하는 것 같다.

사랑에 장애가 되는 것은 서로를 이해하지 못하는 다름일 뿐이다. 상대를 이해한다면 장애는 없다. '어떻게 사는가'가 중요하고, '누구를 만나는가'가 중요하고, '얼마나 서로를 마음 깊이 이해하는가'가 중요하다. 인생 후반, 더 행복한 삶을 위해서는 사람을 많이 만나보고, 그 가운데 운명을 만나면 된다고 생각한다. 운명? 운명은 반드시 찾아온다.

상대에 대한 기대치를 낮추지 마라

더 이상 누군가에게 맞추려고 노력하지 않아도 된다. 그동안 너무 많이 노력했고 할 만큼 했다. 지금까지도 내 삶의 주체는 나였고 나로서 살아왔는데, 맞지 않는 누구의 비위를 맞추려고 나를 낮추는 일은 하지 않았으면 한다. 옛 어른들이라면 '다시 실패하고 싶지 않으면 참고 맞추고 인내하라'라고 조언하겠지만, 내 의견은 좀 다르다. 그냥 나에게 맞는 사람을 만나면 된다(그게 안 되면 혼자 살아도 인생은 충분히 멋지다). 직업, 조건, 성격, 외모, 능력, 인성, 유머 감각, 취미 뭐가 하나가 맞아야 한다면 처음부터 그런 사람을 만나야 좋다는 이야기다.

 더는 누군가에게 맞추려고 애쓰지 말자. 한 번의 결혼 실패로 사람 보는 눈이 까다로워지고, 다시는 실수하지 않겠다는 마음이 강한 것을 이해한다. 그러므로 내가 원하는 사람이 나타날 때까지 여러 사람을 만나보라고 말하고 싶다. 절대 기대를 낮추지 마라. 기대를 낮추면 다시 이혼하거나 헤어질 확률이 높다. 어찌 보면 이혼은 상대가 마음에 차지 않아서인데, 그 사람보다 더 못난 사람을 만나서 다시 잘 살아 볼 생각을 한다는 건 어리석은 게 아닐까?

 또 사람이 없어서 사랑을 못 한다는 사람이 있다. 그러나 앞서 말했듯, 세상은 넓고 싱글은 많다. 이 나이에 제대로 된 사람을 만날 수 있을지를 걱정하는 건 기우다. 만남의 폭을 넓히자. 주변에 상당한 사람이 이혼한 사람이다. 이혼했다고 해서 뭐가 결점이 있을 거라는 생각도 선입견일 뿐이다. 누구든 만나보고 판단해도 늦지 않는다. 물론, 눈만 높아져 재혼하지 못한다고 해도 나쁜 건 아니다. 그냥 인생을 미리 재단해 살지 않아도 된다고 말하고 싶을 뿐이다. 내가 충분히 매력적이고 좋은 사람이라고 생각한다면 걱정하지 않아도 된다.

그간의 결혼 생활이 좋지 않았다고 해서 그 경험이 헛된 것은 아니다. 그 경험은 더 이상 나를 반복되는 수렁으로 끌고 들어가지 않는다. 그러므로 세상 사람 다 똑같다고 생각하며 만남을 단절하지 않았으면 한다.

나는 늘 옳은 선택을 했고, 그 선택은 내가 한 것이므로 결과 또한 내가 책임질 것이다. 나는 그 어느 때보다 성실하게 살아갈 것이다. '이것이 운명이었구나' 하는 지점까지 말이다. 우리는 결혼 생활을 너무나 잘 안다. 다시 결혼하고 싶다면, 나를 낮출 필요 없는 사람이 나타날 때까지 만나보고 기다리면 된다.

가장 중요한 것은 타협하지 않는 것이다. 100% 확신이 들지 않는다면, 충분히 시간을 가지고 결혼은 유보하라고 말하고 싶다. 결혼은 겁낼 일도 아니지만, 쉽게 결정할 일도 아니다. 내가 선택하는 모든 것이 내 삶의 책임으로 돌아오니, 그 선택만큼은 끝까지 신중히 그리고 나를 믿고 하는 것이 맞다.

많이 만나보고 선택하라

좋은 사람을 만나려면 많이 만나보아야 한다. 젊은 시절에 그러했듯이, 많이 만나보고 많이 겪어 보고 많이 생각해 보아야 한다.

나는 결혼을 전제하지 않고 내게 관심 있어 하는 사람을 여럿 만나보았다. 막상 만나 이야기해 보니, 결혼 생활 경험이 없는 남자들과는 대화에 진전이 없었다. 결혼을 모르는 사람에게 이혼을 이해시킬 수는 없었다. 특히 아이의 존재감을 모르는 사람과는 전혀 이야기가 통하지 않았다. "정희 씨는 왜 아들 이야기만 하세요? 저는 관심이 없거든요"라고 말하며 둘이 잘 사귀어 보자고 말하는 사람에게 어디서부터 이해시켜야 할지 참으로 난감했던 기억이 있다. 나에게는 아이가 세상의 전부인데, 자신은 결혼한 일도 없고 자식에 대한 개념이 없으니 그런 이야기를 하지 말아 달라고 부탁하는 남자를 어떻게 해야 할까. 대화 자체가 벽에 부딪히는 느낌이었다. '이런 사람과는 친구로도 지내기가 힘들겠구나' 하는 생각을 이때 처음 한 것 같다.

　사업을 하면 세미나나 모임이 많아 자연스럽게 많은 사람을 만나게 된다. 나는 연말 모임에서 나보다 연배가 높은 사람을 많이 만났다. 그러나 가치관 차이 때문인지, 세대 차이 때문인지 이상하게 잘 맞지 않는다고 생각했던 것 같다. 말로만 듣던 꼰대를 만났다고 할까? 예를 들어, 유부남인데도 여자 친구를 만들고 싶어 하는 사람이 많았는데, 그건 그 사람의 사회적 위치나 명예와는 전혀 다른 이야기였다. 학식이 있고 사회 구성원으로서 높은 자리에 있으면서도 "아내와 여자 친구는 다르지. 누가 그랬던가? 남자는 허리 아래로는 이야기하지 않는 거라고" 같은 애먼 말을 하는, 구한말 세대의 가치관을 지닌 사람도 있었다. 상대에게 굉장한 모멸감을 줄 수 있는 말을 아무렇지 않게 하는 사람은 아무리 봐도 품격이 없다. 성 인지 감수성이 현격히 떨어지는 사람들은 아무리 비즈니스 관계라도 해도 자연스럽게 거리를 두고 서서히 만나지 않았다. 친구나 지인이었는데도 멀어진 사람이 많았다.

나는 이후 개인적으로는 몇 번의 만남을 갖고 몇 번의 이별을 했다. 나의 불안함을 사람에게 위안받으려 한 것일지 모르겠으나, 내가 원했던 사랑은 아니었으므로 '어딘가에 내가 원하는 사람이 한 명은 있겠지' 했다. 나에게 맞는 사람을 찾기는 어려웠지만, 포기하거나 차단하거나 숨어 있지는 않았다.

나는 누구라도 만나라고 말하고 싶다. 그러나 아무나 만나는 것은 아니라고 말하고 싶다. 혼자인 삶도 나쁘지 않지만, 곁에 친구 같은 좋은 이가 있다면, 삶은 또 다른 위로가 될 수 있다고 생각한다.

누구든 사랑할 수 있지만, 함부로 사랑할 수는 없다

우리가 사랑하게 되는 사람은 결국 나와 비슷한 사람이 아닐까 한다. 첫눈에 반할 정도는 아니어도 왠지 관심이 가고, 궁금하고, 온 신경이 그 사람에게 쏠리는 과정을 거쳐 다시 첫사랑때로 돌아가는 듯한 느낌으로 사랑하게 된다. 이런 사람과는 20대로 돌아간 것처럼 사소한 일에 떼를 쓰고, 안달하고, 투덕거리게 된다. 중년이 되어도 사랑에 휩쓸리면 어린아이가 되는 것이다.

그러나 만남 자체가 역경인 사람도 있다. 이런 사람과 만나면 처음에 느낀 호감도 사라진다. 또 사랑엔 나이도 국경도 종교도 초월한다지만, 위험한 사랑도 있다. 바로 불륜이다. 처음부터 불륜할 작정으로 만나는 사람은 드물다고 생각한다. 작정하고 만나는 사람도 있겠지만, 대부분은 전혀 그럴 마음이 없었는데 서로 마음을 주고받게 되어 힘들고 고통스럽고 위험한 관계가 된다. 나는 '절대 불륜하지 마라, 아닌 건 아니다'의 관점으로 말하고 싶지는 않다. 만나서 사랑하게 되었는데 알고 보니 유부남이었거나, 유부녀였거나 하는 일은 현실에도 상당히 많다.

내가 아는 부부는 서울대의 유명한 캠퍼스 커플이었다. 너무 유명해서 이들이 헤어질 거라고는 아무도 생각하지 않았다. 그러나 결혼하고 첫딸을 낳았을 무렵, 남편은 유부녀 상사와 사랑에 빠졌다. 아내가 이 사실을 알자, 남편은 헤어지겠다고 했다. 그러나 헤어지고 1년 뒤 그들은 다시 만났고, 결국은 서로의 배우자와 이혼한 뒤 아이를 낳았다. 그리고 이민 가서 지금까지 잘 살고 있다. 이런 경우, 후에 만난 사람은 불륜이라고 불리지만 사실 처음의 결혼이 잘못된 것일 수도 있다. 나중에야 제 짝을 만난 것일 수도 있다. 법적으로 모든 책임이 끝났고, 첫 결혼 기간은 겨우 5년에 불과하며, 두 번째 결혼은 벌써 15년이 흘렀다.

비난할 수 있을까?

왜 사람들은 행복하게 지내면서도 바람을 피우는 것인지, 상대의 부정이 왜 이토록 상처가 되는지, 어느 순간 배우자가 아닌 사람에게 매료가 되는 건지 이해하기 어려웠다. 그러나 분명한 건 피해자가 있다는 사실이다. 첫 결혼의 아내는 심각한 상처를 입었고 이혼 이후 혼자 남았다. 새출발한 사람들은 행복하지만 남겨진 사람의 상처는 크다. 아직도 딸을 키우며, 혼자 살고 있는 친한 언니 이야기다. 인간을 도덕적 잣대로 판단하는 건 참 어려운 일인 것 같다. 직접 이러한 상황에 놓여 보지 않으면 당사자의 심정을 헤아리기 어렵다. 다만, 나에게는 이런 일이 일어나지 않기를 바랄 뿐.

불륜의 심리학을 다룬 에스터 페렐의《우리가 사랑할 때 이야기하지 않는 것들》은 한 사람의 세계를 무너뜨리고 파괴할 수 있어 그간 터부시 해왔던 불륜을 인간의 한 욕망으로 바라본다. 위험하게 줄타기하는 사랑과 그곳에서 발생하는 골치 아픈 문제들을 꽤 잘 다룬 두꺼운 책이기도 하다. 나는 이 책을 읽고 '누구든 사랑할 수 있지만, 함부로 사랑할 수는 없다'라는 결론을 내렸다. 함부로 하는 사랑에는 반드시 피해자가 생기고, 그로 인해 대가를 치르게 되기 때문이다. 진정한 사랑이라도 해도 말이다.

사랑이 어떻게 변하냐고 하지만 나는 사랑이 변하는 것을 긴 결혼 생활로 봐 왔다. 사랑은 변한다. 서로가 변하지 않으면 정말 좋지만, 사랑은 혼자서 하는 게임이 아니므로 둘 중 한 사람이 변하면 그 사랑은 변하게 되어 있다. 두 사람의 의지로 이어지는 문제라서 사랑은 늘 어렵다. 그래서 사랑의 문제에서 '이것이 과연 옳은 것인가?'라는 판단은 나에게 닥치지 않으면 알 수 없는 것으로 생각한다. 가상의 세계나 어림짐작으로는 절대 이해할 수도 없고, 함부로 하는 사랑이 왜 위험한 것인지도 알지 못한다.

위험한 사랑이란 상처 입고 고통스러운 사랑이라는 뜻이다. 어떤 이는 악한 일을 스스럼없이 저지르면서도 악한 일인 줄 모르고, 어떤 이는 작은 도덕적 결함에도 힘들어한다. 그것은 그 사람의 성정에 기인하는 것이므로 어떠한 잣대를 들이대기가 힘들다. 나쁘다고도, 괜찮다고도 할 수 없는 사랑이 현실에 존재하는 것이다. 나는 사랑인데 그에게는 사랑이 아니고, 나는 장난인데 그에게는 사랑인 경우가 있는 것이다.

사랑은 마음을 얻는 일이다. 그리고 사랑이란 타인의 인생에 참여하는 일이 된다. 간섭도 싫고, 마음을 얻는 것도 싫고 그저 즐기기만 하고 싶다면 그것은 상대의 동의를 얻을 때만 가능하다. 그리고 만약 잘못된 길에 들어섰다면 그 길은 돌아 나오면 된다.

**아닌 사람에게는
단호해져라**

지인 중에 뜬금없이 사업체를 내주겠다는 사람이 있었다. 공동 대표로 동업하자는 사람도 있었고, 부사장으로 재직하며 홍보와 영업을 담당해달라는 사람도 있었다. 대가가 무엇이냐 물으면 그들은 하나같이 대가가 없다고 했다. 과연 그럴까? 내 오랜 사업 경험과 살아온 경험에 비추어 보면 대가 없는 일은 없다. 알지 못하는 사람이 몇억을 들여 나를 도와준다? 궁극적으로 말이 되지 않는 이야기다. 내가 말하지 않아도 바라는 것이 있을 것이고, 그 제안을 받아들이면 언젠간 대가를 치러야 할 것을 잘 알고 있었다. 그래서 나는 이런 말도 안 되는 제안을 하는 사람은 거절하거나, 만남을 서서히 줄여가며 연락하지 않는다.

또, 너무 괜찮은 사람인데 과연 내가 이 사람에게 맞출 수 있을까를 고민한 일이 있다. 모든 조건이 다 마음에 들었고, 예의 있고 현명한 사람이었다. 그러나 내가 그와 같이 산다는 것을 생각하니 'NO'라는 답이 나왔다. 내가 모든 걸 다 맞춰야 할 것 같았기 때문이다. 지금까지 남편에게 맞춰온 삶, 싸우기 싫어 양보하는 삶을 살아왔다. 그런데 조건이 좋은 사람이라고 해서 또 누군가에게 맞추어 주기만 하는 삶을 살고 싶지는 않았다.

만나는 사람마다 2% 정도 늘 부족하다는 생각이 들었다. 이 사람은 이런 점이 저 사람은 저런 점이 부족했다. 나는 이런 면에서 100% 완벽히 상대를 신뢰하기 전까지는 결정하면 안 된다고 생각한다. 1,000%라고 생각해서 결혼한 사람과도 이혼으로 마무리했다. 그렇다고 신중에 신중을 기해 선택한다고 하면 아무도 선택하지 못할 것이다. 2% 부족해도 안 되고, 절대 아닌 사람은 당연히 안 되고… 참으로 어려운 문제이다. 그러나 나는 여전히 모든 걸 수용할 수 있는 사람만이 나의 옆자리에 올 자격이 있는 것으로 생각한다. 함부로 나를 내어주면 안 된다. 현실과 타협하고, 나 자신과 타협하지 않았으면 한다.

정말로 좋아 죽을 정도의, 그 사람으로 인해 심각한 내적 상처를 입어도 괜찮은 정도의 사람을 만난다면, 그 사람과 다시 시작하라고 말하고 싶다. 아닌 사람은, 아닌 거다.

결혼을 전제로 만나지 마라

이혼 후 한동안은 결혼을 전제로 사람을 만났다. 내 상황이 상당히 불안하고 누군가에게 기대고 싶은 심리가 있었던 것 같다. 그것이 서로에게 부담이 된다는 것은 몇 번의 만남을 갖고 나서야 깨달았다. 상처가 있는 사람은 쉽게 마음을 열지 못한다. 더군다나 깊고 예리하게 베어 본 적이 있는 사람이 또다시 어린아이 같은 천진함으로 사랑에 뛰어드는 건 생각보다 쉽지 않은 일이다. 물론, 언제까지 아이들처럼 연애만 할 수도 없는 노릇이긴 하다. 중년을 넘어선 나이에는 노후 준비도 해야 하고, 노후에 걸맞은 배우자도 찾아야 한다. 그런데 나이 들어가고, 몸 어딘가 하나씩 부실해지는 나이에 서로 의지할 수 있는 사람을 찾는 게 어디 쉬울까?

그러나 사람을 만날 때 처음부터 결혼을 전제로 만나지 말라고 하고 싶다. 당장 외로워서 만나는 것도 좋지 않다. 만나보면 안다. 사람에 따라 다른 생각을 하기도 하고 그런 실수를 통해서 배워가는 것들도 많은 법이니까. 또 어떤 이는 만나고 있으면 만나는 시간이 버겁기만 하다. 만나는 시간이 아깝기도 하고, 와닿지도 않는 그의 상처를 들어주다 보면 '여긴 어디인가, 과연 나는 누구인가?' 싶은 생각이 들 때도 있다.

만남을 예측하기는 어렵다. 그러나 어느 날 어떤 운명이 어떤 식으로 찾아올지도 우리는 알 수 없다. 그리고 정말 결혼하고 싶은 사람이 나타난다면, 일단 살아보는 게 어떨까 싶다. 젊을 때 같으면 결혼부터 했을 터이지만, 지금은 같이 살아보고 확신이 섰을 때 하는 것도 늦지 않은 것 같다. 다시 그 결혼이라는 굴레에 얽매이는 게 맞는지도 살펴볼 일이다. 서두를 필요가 없다. 천천히 그러나 속도감 있는 연애를 하면 될 것 같다.

그 사람의 아픔에 공감할 수 있을 때 만나라

괜찮아, 괜찮아, 괜찮아. 나에게 괜찮다고 말해주는 사람을 만나는 게 좋다. 힘들어, 힘들어, 힘들어. 나에게 힘들다고 말하는 사람을 만나는 것보다는. 나는 "네가 지금 어떻게 그 어떤 일을 하든 네가 옳고, 지금이 최악이 아니고 다 지나가는 일"이라고 말하는 사람을 만나라고 말하고 싶다. 상황을 일일이 설명하지 않아도 그냥 알아듣고 이해하는 사람을 만나라고 하고 싶다. 왜냐하면, 그런 사람은 그 상황을 겪어서 설명하지 않아도 알고 있기 때문이다.

드라마를 좋아해서 안 본 드라마가 거의 없지만, 한 번에 그치지 않고 여러 번 본 드라마는 〈나의 아저씨〉,〈멜로가 체질〉,〈나의 해방일지〉였다. 이 중 어떤 드라마는 몇 번을 보았는지 셀 수도 없다. 이 세 드라마의 공통점은 주인공이 상황을 일일이 설명하지 않아도 상대방이 그 뜻을 안다는 점이다. 그리고 주인공은 실수할지언정 인간이기를 포기하지 않는다. 적어도 〈도깨비〉의 은탁이 이모 같은 사람은 나오지 않는다. 우리는 돈만 밝히면서 자기 이익만 챙기는 사람을 보면서 감동하지 않는다.

〈나의 아저씨〉에서 동훈은 "모든 건물은 외력과 내력의 싸움이야. 바람, 하중, 진동… 있을 수 있는 모든 외력을 계산하고 따져서 그거보다 세게 내력을 설계하는 거야. 항상 외력보다 내력이 세게. 인생도 어떻게 보면 외력과 내력의 싸움이고, 무슨 일이 있어도 내력이 있으면 버티는 거야"라고 말한다.〈멜로가 체질〉에서 진주는 "헤어지는 이유가 한 가지일 수는 없지. 한 가지 이유로 사랑했던 건 아니었을 거 아냐? 만약 사랑한 이유가 한 가지뿐이라면, 둘 중 하나가 아닐까? 금세 증발해 버릴 그 하나에 대한 짧은 호기심, 혹은 불결한 목적을 지닌 접근. 아, 몰라.

어쨌든 사랑은 자동차 소모품 같은 거야. 소모가 덜 됐으면 굴러가고 다 안 됐으면 안 굴러가고"라고 한다. 또〈나의 해방일지〉에서 미정은 "하루에 5분. 편의점에 갔을 때, 내가 문을 열어 주면 '고맙습니다' 하는 학생 때문에 7초 설레고, 아침에 눈 떴을 때 '아, 오늘 토요일이지' 하고 10초 설레고, 그렇게 하루 5분만 채우면 나는 살아갈 수 있다"라고 한다.

우리가 음악이나 드라마나 책에 열광하는 것은 그것이 실제와 비슷하기 때문이라고 생각한다. 많은 사람에게 공감받는 작품은 명작이 되기도 한다. 우리는 이런 명작을 '전설'이라고 하고 '레전드'라고 한다. 중년이 되면 드라마에 나올 법한 사연 하나 없는 사람이 없다. 사연도 많고, 사건도 많고… 쏟아내면 책 한 권은 나올 정도로 많은 사연으로 삶이 가득 차게 된다.

그러나 자본은 많이 들였으나 스토리의 부재로 흥행하지 못하는 작품도 있듯이, 또는 명작이어도 나에게 와닿지 않는 작품이 있듯이 사람도 그렇다. 나의 경험과 그의 경험이 맞닿는 곳에조차 공감할 부분이 없는 단순한 이유이긴 하지만 말이다.

내가 망했을 때나 나락으로 떨어졌을 때 그들이 나를 대하는 자세를 보면 거리를 둬야 할 사람인지, 가까이 지내야 하는 사람인지가 가려진다. 나는 나를 도운 사람들에게 여전히 미안하고 살면서 갚아야 할 빚이 많다고 생각한다. 그러나 내가 힘들 때 어쭙잖은 충고를 하며 더 가열하게 살라고 한 사람들은 멀리한다. 낼 힘도 없어서 그들의 충고가 와닿지 않을 뿐만 아니라, 여기서 어떻게 더 가열하게 살라는 건지 싶어 나의 삶을 폄하하는 것처럼 느꼈다. 나에게 관심도 없었으면서 말이다. 아, 어린 나이 아니고, 철들 대로 들었으니 제발 충고하지 않았으면 한다! 꼭 드라마 주인공처럼 멋있게 말하지 않아도, 내게 진실하게 말하는 사람을 만나라고 하고 싶다.

내가 위로해 주고 싶은 사람을 만나는 것도 좋을 것 같다. 내가 받고 싶은 위안만 생각하기보다 '내가 어떻게 하면 저 사람을 위로할 수 있지?'라는 걸 고민할 때, 사랑은 그때 오는 것 같다. "나는 힘들어"라고 말하는 사람과 "너는 괜찮니?"라고 물어봐 주는 사람 사이의 간극은 하늘과 땅 차이다. 나는 이혼하고 5년간 힘들다고 말하는 사람을 수없이 만난 후 "당신은 괜찮습니까?"라고 묻는 사람을 만났다. 그것도 수많은 시행착오 겪고 나서 말이다.

후회 없는 사랑을 해라

다시 사랑할 수 있을지를 계속 생각한다. 사랑이라는 감정이 무겁고 혼란스러운 이유는 상대방의 삶을 온전히 나의 것으로 받아들여야 하는 것이기 때문일지 모르겠다. 사랑은 내 인생에 누군가가 들어오는 것을 기꺼이 받아들이는 것이다.

사랑은 단순히 상대의 모습에 반하고 매너에 반하는 것이 아니다. 시절 인연처럼 한때 지나가는 감정의 폭발도 아니다. 사랑은 그보다 깊은 곳에서 그 사람에 대한 울림에서 오는 것 같다. 이런 사랑을 후회 없는 사랑이라 부르는 것인지도 모르겠다. 또 후회 없는 사랑이란, 그와 함께하면서 마주하게 될 슬픔, 두려움, 분노의 순간에도 절대 실망하지 않거나 도망가지 않겠다는 다짐일지도 모른다. 이런 사랑이라면, 마음이 요술을 부려 우리가 사랑이라고 믿는 순간이 오랫동안 거짓으로 남는다고 해도 상관이 없을 것이다. 진실 그 너머의 진실은 그 누구도 알 수 없으니 현재의 그와 나에게 충실할 수밖에.

첫눈에 반한 감정은 그 자체로 특별하지만, 그것은 첫 번째 걸음에 불과하다. 시간이 흐르고 감정이 누적되어 일상에 그와 내가 녹아들면 서서히 변해 가리라는 것을 모르지 않는다. 그리고 그 변화가 기쁘고 나를 주눅 들게 만들지 않으며 서로를 좋은 방향으로 변화시킨다면, 또 변화된 나를 사랑하게 된다면 후회 없는 사랑이라 할 수 있을 것이다.

사랑하면서 시련은 반드시 올 것이다. 그리고 그 시련은 갑자기 시작될 수도 있다. 그가 싫어질 수도 있고, 또 그가 나를 함부로 대하고 마음이 식었다 할 수도 있다. 상대방의 뜻밖의 변화는 나를 흔들고, 가치관의 충돌은 이별의 위기를 부른다. 서로 이해해 보려고 노력하지만, 타협점을 찾을 수 없어 헤맬 수도 있다. 그렇다면 과연 우리는 무엇을 근거로 사랑을 받아들이는 걸까?

내가 그를 만나며 다짐한 게 하나 있다면, 그에게 보인 존중하는 태도를 끝까지 놓지 않으리라는 것이었다. 우리가 남이던 시절에 보인 존중하는 태도를 유지하는 것이다. 그리고 나는 행운아다. 그가 나를 배려하고 존중하는 마음은 더 깊다. 가끔은 그의 섬세함에 크게 감동한다. 감동은 무릎을 꿇고 꽃을 전하는 일이나, 차 문을 열어주는 깍듯한 예의 바름에서 오는 게 아니다. 감동은 내가 어느 지점에서 절망했고 어느 지점에서 오열했는지를 이해하는 그 마음에서 온다. 이러한 과정에서 내가 성장할 수 있고, 서로 공감한다면 더는 바랄 것이 없다.

사랑은 처음 시작할 때 가졌던 기대와 달리, 아름답고 순탄한 길만 존재하는 건 아니다. 그러나 사랑은 순간적인 감정에 의존하는 게 아니기에, 우리는 언제나 후회 없는 사랑을 할 수 있다. 깊은 이해와 존중, 서로의 변화를 수용할 수 있는 마음이 바탕에 있다면 우리는 갈등을 풀어나가는 과정에서 점차 더 큰 사랑을 할 수 있게 된다. 실패해도 실패가 아닌, 후회 없는 사랑이다. 어떤 미래가 펼쳐질지는 알 수 없지만, 진심으로 사랑했다면, 그 속에서 서로에 최선을 다했다면 결코 슬퍼할 일이 아니다. 끝이 아프다면 그것은 그만큼 깊이 사랑했다는 증거이며, 그 사랑이 끝났다고 해서 사랑 전체를 포기하지 말라고 이야기하고 싶다. 사랑은 하나이고, 절대적이라는 것은 신에 대한 사랑이지 사람에 대한 사랑이 아니다.

사랑은 도처에 있으며 심지어 많다. 사랑의 형식도 방향도 규정할 수가 없다. 다만, 몸을 사리고 밀고 당기기를 하고 모든 잣대를 들이대면서 하는 사랑은 사랑이 아닌 듯하다. 다 주어도 괜찮다. 사랑을 다 주었다고 해서 사람이 망가지진 않는다.

✂ 실수를 반복하지 말자

싸울 만큼 싸워 보았고, 다툴 만큼 다퉈 보았고, 내 의견을 관철하고자 논리적으로, 감정적으로 호소하는 일도 다 해 보았다. 그러자 에너지가 소진되고 급기야 영혼이 피폐해졌다. 이렇게 할 만큼 해 본 사람들은 이제 그런 어리석음을 반복하고 싶어 하지 않는다. 더는 누군가와 싸우고 싶지 않은 것이다. 누군가를 만났는데 다툼의 연속이라면 그 사람과는 인연이 아니다. 아직도 그런 만남을 지속한다면 아까운 시간을 그냥 흘려보내는 것이다. 삶이 길게 남지 않은 중년의 이 축복된 시간을 낭비하는 것은 아깝지 않은가.

가장 좋은 것은 싸움이 전혀 일어나지 않는 사람을 만나는 것이다. 내가 원하는 것을 말할 수 있고, 그가 원하는 것을 말할 수 있는, 그냥 수용하는 만남이다. 남자 친구니까, 여자 친구니까 이렇게 해야 한다는 당위는 없다. 사랑하는 사람이니까 이렇게 해야 한다는 룰도 없다. 대차게 실패해 본 사람이라서 그런지 재혼이라는 명제 앞에서도 오랜 망설임이 있고, 또 꼭 필요한가? 라는 반문도 해 본다.

그가 과연 결혼해도 좋을 사람인지 오랜 시간을 두고 보는 것이 오히려 신뢰의 기간을 지속하는 일이 아닐까 생각한다. 덜컥 결혼부터 하고 후회할지 모르는 일을 만드는 것보다는, 신중하게 인생 후반을 함께할 사람을 결정하라고 말하고 싶다. 가끔 여러 번 결혼하는 사람을 본다. 그럴 수 있고, 나쁘다는 게 아니다. 어쩌면 그분들이 나보다 더 열심히 사는 분 아닌가 싶기도 하다. 그러나 두 번째 이혼으로 이어지면 상처는 배가 되고 주변의 눈총은 더 따가워질 것이다. 혼인신고도 사정이 있는 게 아니라면, 상대를 잘 알 때 진행하라고 말하고 싶다.

나는 비혼주의자가 아니므로, 현실적인 방법으로 '동거'를 추천한다. 살아보고 나서 천천히 재혼해도 상관없다고 생각한다.

결혼을 너무 서두르지 않았으면 좋겠다. 급한 결정에는 충분한 검토가 뒤따르지 않는 게 대부분이다. 가장 중요한 건 결혼이 아니라 '서로에 대한 신뢰와 믿음이 있는가?'이다. 다 해 보지 않았는가. 결혼도 해 보고, 이혼도 해 보고. 그러니 재혼은 조금 더 고민해 보자. 살아보고 더 살아도 될지 결정해도 늦지 않다. 그 정도 신뢰가 없다면 아예 시작하지 않는 것이 좋다. 동거는 헤어질 결심을 하는 것이 아니라, 결혼을 다시 되돌리지 않으려는 새로운 결심이기도 하다.

이 모든 순간이
기적이다

그는 원래 알던 사람이었다. 정확히는 SNS 친구 목록에 있던 사람인데, 이혼 후 한창 사람을 불신하던 시절에 2,500명 정도의 친구 목록을 삭제하면서 함께 삭제된 사람이었다. 삭제한 이유는 단지, 아주 친하지 않기 때문이었다. 이후 모임에서 우연히 만나 명함을 주고받다가 '아, 예전에 친구였는데' 하며 미안한 기억이 있다.

그를 만난 건, 그 누구도 만나지 않고 프로젝트에만 매진하던 때였다. 제발 누구라도 만나라는 아들의 충고 때문에 내 생일을 맞아 나갔던 모임에서 그를 만났다. 1차에서는 사람이 많아서 그와 명함만 주고받았었고, 2차에서는 아내와 이혼해야 한다며 친구들에게 조언을 구하는 모습을 보았다. 나는 막차 시간에 쫓겨 그 이야기를 10분 남짓 들었을 뿐인데, 아무리 수십 년을 알고 지낸 지인이 있다고 해도 이혼이라는 개인적인 일을 이런 자리에서 상담하는지, 아주 의아했다. 그 의아함이 없었더라면 그는 내 기억에 남지 않았을 것이다. 우리는 그렇게 만났다.

두 번째 만남도 몇몇 지인 모임에서였다. 그래도 이혼을 앞두고 있다는 사실을 알아서인지 그냥 그가 편했다. 그도 내 사정을 알았다. 그는 그 많은 사람 속에서, 무심코 던지는 나의 말들을 신중하게 듣고 있었다. 생각보다 꽤 조용한 사람이었다.

그리고 며칠 뒤에 나는 에세이를 내기 위해 출판을 논의하던 출판사 편집장과 대판 싸우고 계약을 없었던 일로 결정 내린 일이 있었다. 지금 생각하면 그때 좀 급발진을 한 것 같다. 이혼해도 결혼 자체에 관해 비관적인 편은 아니었고, 누구를 적으로 만들거나 심한 비판 따위는 하고 싶지 않았는데, 출판사 편집장은 나와 전혀 다른 생각이었던 듯하다. 내일이면 계약을 하고 편집장은 계약을 빌미로 내 원고를 난도질할 참이었을 거다. 그렇게 되면 그것은 내가 쓴 책이 아닌, 편집장이 쓴 책이 된다. 도저히 그 꼴은 보고 있을 수가 없어서 대표에게 메일을 보내고 계약을 엎었다.

그날 내겐 같이 욕해 줄 사람이 필요했다. 잠깐이라도 내 이야기를 들어주고, 내 편을 들어줄 사람이. 그는 내 연락에 저녁 약속을 취소하고 달려와 주었고, 나는 그에게 그간 쌓인 이야기를 아주 많이 풀어놓았다. 이후 우리는 조금씩 친해졌고, 나는 그의 결혼 생활과 그간의 상황을 들을 수 있었다. 그의 결혼 생활은 나의 결혼 생활과는 전혀 다른 문제를 안고 있었고, 재산 분할 등 골치 아픈 일들이 많았다. 나는 이혼에 대해서만큼은 선배인지라 아낌없이 조언했던 것 같다. 그는 생각보다 빠르게 이혼을 진행했고 이후 합의이혼으로 수월하게 관계를 정리했다.

그는 일반인들과는 생각이 전혀 다른 사람이었다. 사업의 종류도 여러 가지. 성공한 사업이 더 많았지만, 실패도 만만찮게 했다. 신용불량자가 되면서까지 지키려 한 사업도 있었고, 이제는 사업 20년 차가 넘어 스타트업 컨설팅을 하는 경지에 이른 사람이기도 했다. 경험이 아주 많았다.

우리는 각각 20년의 결혼 생활을 마쳤다. 나는 이혼한 지 4년이 흘러 차츰 안정적인 생활을 하던 차였고, 그는 이제 시작이었다. 사랑하는 아이들과도 헤어져야 하고, 기르던 개와도 헤어져야 했다. 그는 어떻게든 가정을 지키려 애를 썼지만, 이혼은 누구에게나 불가항력적이다. 헤어져야 하는 이유가 너무도 뚜렷했다. 친생부인 소송. 자식이 자신의 친자가 아니라는 증명을 위한 유전자 검사를 하고, 친자가 아니라고 인정받는 재판. 앞서 이야기했던 사례가 바로 이 사람의 이야기다. 나는 친생부인 소송이라는 말을 태어나서 처음 들어봤다. 그는 아이들이 받을 충격과 상처를 생각해 협의이혼으로 조용히 마무리하고, 자식을 키우는 아내에게 거의 모든 재산을 주고 나왔으며 억울해하거나 분노하지 않았다. 첫째 아이는 친자이고, 둘째는 친자가 아니라는 소송을 해야 하는 막장 드라마 같은 이야기가 내 이야기가 될 줄 몰랐다고 말하는 그를 보며 나는 모든 걸 수용했다. 나는 아직도 그의 깊은 상처를 알 도리가 없다. 사실 예측할 수도 없다. 당사자가 아닌 이상 어떻게 알 수 있을까? 대신, 그냥 옆에서 그 모든 과정을 지켜보았고 그의 말을 들어주었다.

  그의 모든 것을 수용할 수 있다는 건 신기한 일이었다. 내가 누군가를 이렇게 완전히 수용해 본 일이 있었던가 생각해 보면, 없는 것 같다. 나는 그냥 처음부터 이 불행한 남자를 더는 불행한 상태로 놔두고 싶지 않다고 생각했던 것 같다. 그 어떤 아픔도 주지 않으리라고 다짐했던 것 같다. 그는 내가 늘 자신을 보고 웃어주었다고 했다. 왜 그를 보면서 계속 웃었는지는 알 수 없다. 상처받은 사람을 마주할 땐 웃어주는 게 최선이라고 생각했을지 모르겠다. 말하지 않아도 얼마나 힘든지 공감하기 때문이었을지도 모르겠다. 이유야 많겠지만, 깊이 생각하지 않는다. 생각하지 않아도 알 수 있기 때문이다.

'홍연'이라는 말이 있다. 붉은 실로 이어진 인연을 뜻한다. 언젠가 맺어질 남녀는 보이지 않는 운명의 실로 서로 이어져 있다는 사실을 믿는다. 그 시간에, 그 타이밍에, 그 장소가 아니었다면 스쳐 지나갈 인연이었다. 예측할 수 없는 인연의 고리들이 커다란 실타래를 만들어 내는 순간들. 그것은 시간과 공간이 딱 맞아야 일어날 수 있는 작은 기적 같은 것이었다. 너무나 확실하고 구체적인 이끌림이 아니었나 생각된다. 그때가 아니라면 우리는 만나지 못했을 것이고, 그때 그 말이 아니었다면 귀담아듣지 않았을 것이다. 말로는 설명하지 못한 운명의 이끌림이라고밖에는 뭐라 설명하기 힘들다.

그동안 무너지고 무너졌던 순간과 홀로 일어나야 할 순간들이 많았다. 삶의 목표 없이 부표를 붙들고 떠도는 느낌이어서 이제 혼자가 아니라는 것이 얼마나 안도하게 되는지 모른다. 이렇게 크게 안도할지는 전혀 몰랐다. 사랑을 정말로 시작할 거라고는 생각해 보지 않았으니 말이다.

삶은 예상할 수 없고, 불행은 어느 날 내 무릎을 꿇리며 아프게 한다. 행복한 순간도 영원하지 않고 언젠간 사라진다. 그래도 매 순간이 기적이라는 것을 믿는다. 생각해 보면 그 모든 순간이 기적이 아니었을까?

 # 누구도 미래는 알 수 없다

**불안에
사로잡히지 마라**

누구나 인생은 혼자다. 부모라는 좋은 울타리 안에서 보호받던 사람도 때가 되면 그분들의 울타리가 되어 병간호를 하고 돌본다. 형제도 자랄 때나 형제지 각자 가정을 꾸리고 아이들이 장성하면 서로의 안부를 물을 뿐이다. 다 같이 늙어 가는 처지라 기대하기가 힘들다. 더군다나 이혼하고 보면, 그냥 혼자인 삶이 된다. 독립하지 못한 아이에 대한 책임은 더욱더 큰. 그렇게 모든 걸 원점에서 생각해 보면, 불안이라는 감정은 내가 사랑할 대상이 그 어느 곳에도 없을 때 발현되는 감정일 수 있다.

사람들은 평생 단 한 번도 일어나지 않는 일을 걱정하는 경우가 40%가 넘는다고 한다. 이미 지나간 일에 대한 걱정이 30%, 별로 중요하지 않은 일에 대한 걱정이 22%다. 그렇다면 우리가 실질적으로 걱정해야 하는 일은 단 8%에 그친다는 말이 된다. 실제로 발생하지도 않는 일에 대해 걱정하느라 현재를 온전히 즐기지 못하는 것이다. 그러니 걱정하지 말자. 문제를 맞닥뜨

렸을 때 걱정하기 시작해도 늦지 않는다. 나도 반려견이 있었을 때, 그 귀여운 아이를 보면서 '갑자기 심장 발작이라도 일어나서 내가 먼저 죽으면 어쩌나' 걱정했다. 군대까지 다녀와 잘 살고 있는 아이의 미래를 걱정하며 뜬눈으로 밤을 새우기도 했다. 그러나 불확실한 미래를 걱정하면 정작 중요한 오늘을 놓칠 수 있다. 사업의 불확실성을 걱정하느라 재무제표 관리를 놓치거나, 경기가 안 좋은 걸 걱정하느라 지출을 막는 방법을 놓치는 것이다. 게다가 만반의 태세를 갖추어도 계획대로 되지 않는 게 인생이다. 그러니 걱정할 시간에 차라리 새로운 일을 하나 더 하는 게 낫다.

지금 키우는 반려견이 있다면 내가 먼저 죽을 것을 걱정할 시간에 맛있는 수제 간식을 만들어 먹이고, 불경기에 사업을 너무 키운 것 같다면 인원을 줄이고 최소한으로 움직이는 방법을 찾자. 불안에 사로잡히지 말고, 오늘 할 수 있는 일을 찾아서 해야 한다.

미래가 내 마음대로 되지 않는다고 해서 화를 내는 것도 그다지 유연한 방법은 아니다. 미래에 대한 걱정은 거꾸로 하는 것이 좋은 것 같다. 수십 년 뒤의 나를 상상하는 것이 아니라, 몇 년 뒤 나를 생각하고, 몇 달 뒤 나를 생각하고, 내일의 나를 생각하다가, 지금의 나를 생각하는 것이다. 그렇게 거꾸로 생각하면 지금 내가 무엇을 할지가 결정된다. 오히려 생산적이고 행복한 일이 될 수 있다. 불안은 영혼을 잠식시킨다. 불안으로 얻어지는 것은 아무것도 없다.

또 하나는 되도록 사람을 미워하지 않는 것이다. 이렇게 된 게 다 그의 탓이라며 그를 미워하고 문제의 원인을 그에게서 찾는 것은 옳지 않다. 그냥 사건이 일어났을 뿐이고, 그 사건은 해결되었다. 누구의 탓이 아니기도 하다. 나도 이혼하기 전에는 남편을 미워했지만, 이혼하고 나서는 그 마음이 자연스럽게 사그라들었다. 미워하는 마음이 사라지고 차차 내 인생에 출연한 적이 없는 사람처럼 잊어갔다. 그래서 지금은 정말 아무런 감정이 없고, 그저 아이의 아빠로서 잘 살아 주면 좋겠다고 생각한다. 타인의 행복을 빌어주는 정도의 감정이다. 그리고 누군가를 미워하는 감정에는 에너지가 소비된다. 힘들고 고통스럽다. 내가 얻을 수 있는 게 아무것도 없는 것에 나를 소비하지 않아야 한다.

행복한 현재를 즐겨라

행복은 미래에 있지 않다. 행복은 '그동안 너무 고생했으니까, 이 정도는 즐겨도 되지 않나? 지금 이렇게 행복해도 되나?' 싶은 지금, 이 순간에 있다. 현재라고 부르는 이 시간은 다시는 오지 않는다. 오늘이 오늘의 마지막이다. 현재를 즐기지 못하고 내일 내일 하다가는 어느새 인생이 다 끝나버릴 수 있다. 그러므로 오늘 하루를 최대한 누리는 것이 가장 현명한 방법이다.

사람들은 대부분 거대한 목표를 세우고 그것을 이루려고 10

년, 20년씩 달린다. 그러나 목표를 이루기 위해 노력하고 참았던 순간들은 어떻게든 소비되어 다시 돌아오지 않는다. 그만큼 인생 후반은 시간이 소중하다. 부동산으로 성공해서 건물주가 되고 싶어 청춘을 다 바쳐 건물을 샀지만, 나이는 이미 70살에 가깝고, 젊은 날 신나게 놀았던 추억 하나 없어 눈물짓는 사람을 보았다. 의사나 변리사, 교수가 되고 싶어서 줄기차게 달려왔는데, 다 이루고 보니 그만큼의 가치가 있었나 하며 허무하다고 말하는 사람도 많이 보았다. 어떤 일을 하든 그 일에 대한 사명감이나 보람이 없다면 허무하다.

아침에 출근하면서 커피는 늘 자판기 커피만 마시고, 점심을 먹으러 나와서도 하늘 한번 쳐다보기 어려운 삶을 살며, 일상의 아주 작은 부분도 같이 느낄 사람이 없다는 것은 그다지 행복하지 않다. 짐짝처럼 실려 출퇴근하고 밤이면 그대로 곯아떨어져 다시 아침 알람을 들으며 일어나는 것이 반복되는 삶이라면, 나는 지금 어디에 있고 무엇을 하는지, 내가 행복한 일은 무엇인지 진지하게 고민해 봐야 한다. 아침에 커피 한잔을 뽑아 들면서도 오늘 어떤 일이 일어날지 기분 좋은 설렘으로 일을 시작하고, 동료와 점심 먹을 때도 '오늘은 누구를 좀 웃겨 줄까?' 생각하며 즐거운 농담을 건네기도 하고, 5분이라도 하늘 한 번 쳐다보며 싱그러운 날씨와 맑은 하늘에 고마움을 느낀다면 그것은 그대로 행복한 사람이다. 이런 차이는 도대체 어디에서 오는 것일까? 그건 '오늘이 가장 행복한 날'이라고 생각하며 고마워하는 것에 숨어 있다.

아무런 일도 일어나지 않아서 고맙고, 오늘 무사히 잘 넘어가 주어서 고맙고, 맛있는 점심을 먹을 수 있어서 식당에서 일하시는 아주머니에게도 고마운 것. 맛없고 성의 없는 식당에 짜증이 나지만, 그래도 이 정도 가격에 이 정도 음식이면 내가 만드는 것보다 낫다는 고마운 마음을 갖는 것. 이런 것들이 현재를 즐기게 하는 것 같다. 편의점에서 작은 물건을 사도 결제하면서 "안녕히 가세요"라는 말에도 "고맙습니다" 하는 인사가 나온다. 작은 일에 감사하는 마음은 무슨 종교가 있어서 가능한 일도 아니다. 지금 가진 것에 다행이라는 마음만 있으면 가능하다. 그래야 타인에게 친절하고 나 자신에게도 친절하다. 지금 이 글을 읽는 당신에게도 행복한 순간들이 더 많은 삶이기를 바란다.

만일, 이 글을 끝까지 읽어주었다면 불행한 기억이 많은 사람일 것이고, 혹시 이혼의 경험이 있는 사람이라면 아주 힘들었을 것이다. 그리고 어떻게 해야 다시 행복을 찾을 수 있을지 고민하는 사람이었을 것이다. 행복까지는 아니더라도 고통스럽지만 않기를 바라는 사람일지도 모르겠다. 나는 그런 당신에게 고통은 지나가며, 반드시 좋은 날이 온다고 말하고 싶다. 조금만 참고 기다리자. 살아 있다는 것 자체만으로, 지금 전쟁 상황이 아니라는 것만으로도 다행이지 않을까? 현재에 내가 있다는 것은 행복한 일이다. 지금 바로 내 삶이 펼쳐지는, 유일한 시간을 살고 있기 때문이다. 너무 아파하지 말고, 지금의 내가 있다는 것에 감사하자. 행복한 날은 반드시 온다.

반복되는 일상에 즐거움을 찾기 힘들다면 경험을 많이 쌓으라고 하고 싶다. 또한 버킷리스트를 세웠다면 하나하나 실천하라고 말하고 싶다. 나는 해외여행을 할 만큼 해 보았다고 생각하지만, 아직 모든 걸 다 체험한 건 아니다. 국내 여행도 안 가본 곳이 없을 정도로 많이 가 보았다고 생각하지만, 역시 모르는 것이 더 많다. 예를 들어, 세부에 갔으나 고래상어 투어는 하지 못했고, 그렇게 많은 뮤지컬을 보았지만 〈라라랜드〉는 보지 못했다. 대관령을 넘어 강릉과 경포대는 갔어도 강원도 끝이라 불리는 화진포와 명파해변은 가 보지 못했다. 또 고씨동굴은 가 보았어도 광명동굴은 못 가 봤다. 불꽃 축제의 불꽃을 멀리서는 보았지만, 한강 선상 카페에서는 못 봤다. 방랑식객 임지호 님의 영화는 봤으나 정작 강화도에 있는 맛집인 산당에는 가보지 못했다.

그리고 요즘엔 같이 할 사람이 생기니 하나하나 누려보게 된 것 같다. 아무래도 혼자만의 여행은 흥이 나지 않고 고독하고, 때론 청승맞아 보이는 법이다. 이혼 이후 생일날은 늘 혼자 보냈다. 번잡스러운 것도 싫거니와 친구들을 부르는 것도 민폐거나 의미가 없어졌기 때문이다. 그런데 5년 만에 나만의 생일상을 처음 받아 보았다. 명절이면 명절증후군을 앓았는데 이제 명절은 해외여행 시즌이 되었다. 최근에는 베란다에 그토록 갖고 싶었던 텃밭을 만들어 거기에 배추와 무도 심고, 상추와 허브도 심었다. 해 보고 싶은 것은 있으면 무엇이든 해 보는 중이다. 생각이 나면 바로 실천한다. 그 선택이 빠를수록 나의 행복도 빨리 찾아온다.

　새로운 배움이나 도전의 기회도 찾으면 얼마든지 있다. 부지런히 몸을 움직이면 될 뿐인 일들은 주위에 상당히 많다. 함께 즐길 사람이 있으면 더 행복할 것이다. 작은 일도 마음 맞는 이와 함께라면, 좋아하는 음악을 듣거나 맛있는 음식을 먹는 아주 단순한 일에도 즐거움이 넘친다.

**사람이 사람을
구할 수 있다**

　그에게 내가 없었다면, 그는 아마 반쯤 망가져 있었을 것이다. 나에게도 그가 없었다면 이 지난한 삶에서 반쯤 망가져 있었을 것 같다. 나는 내 인생에 열린 하나의 우주 속으로 들어갔다. 그 우주는 비교적 판타스틱하다.

　서로가 절실히 원하지 않았다면 아무것도 이루어지지 않았을 것이다. 우리는 딱 그 시간 그 공간에, 서로가 원하는 자리에서 만났다.

　당시 나는 대박이를 보내고 펫로스 증후군에 시달리며 아들이 제대하기만을 기다리고 있었다. 맡은 프로젝트에만 매달리며 4개월째 밤낮없이 일만 하던 시절이었다. 그러다 아들의 성화에 못 이겨 나간 모임에서 그를 만났다. 몇 번의 만남을 거듭하며 참 좋은 사람이라는 확신이 생겼다. 다투거나 싸울 일이 없는 사람. 그가 나를 존중하는 만큼 나도 그를 함부로 대하거나 함부로 말하지 않는다. 물이 흘러가듯 그렇게 자연스럽게 만난다.

　사람이 사람을 구할 수 있다. 사람만이 사람을 망가뜨리지 않고 온전하게 구원할 수 있다. 사람에게서 얻은 상처는 사람으로 치유된다. 어떤 이는 정신과 약을 먹으며 버텨야 할 만큼 커다란 트라우마를 주었고, 어떤 이는 곁에서 아주 편안하게 잠들 수 있을 만큼 믿음을 주었다. 먼 길을 돌고 돌아 지금 여기에 내가 있다. 한 번의 실패로 인생이 모두 망가지진 않는다. 몹시 치명적인 부상이긴 하나, 시간이 흐르면 상처는 아물고 서서히 치유된다. 언제 그랬냐는 듯이 모두 잊고 새출발을 한다. 나는 사람이 사람을 구한다고 생각한다. 119 아저씨도 사람을 구하는데, 사랑하는 사람이라면 그 한 사람 정도는 구할 수 있어야 한다. 사랑한다면서 그 어떤 책임도 지지 않으려 한다면 그것은 사랑이 아닐 것이다. 그가 나의 든든한 버팀목이 되어주고 나를 구했듯이, 나도 그의 무너지는 일상에서 따스함을 전해 주는 사람이 되었다. 그런 사람들이 서로를 살게 한다고 말하고 싶다. 그 모든 가능성을 꼭꼭 닫아걸고 자기 세상 안에서만 살지는 말라고 하고 싶다.

　정말 느리고 더디기는 해도 사람이 오긴 온다. 정말 죽고 싶을 만큼 괴롭고 쓸쓸해도 사람은 온다. 길은 사람에게서 찾는 일인 것 같다.

Epilogue

때때로 삶이
천국과 지옥을 오갈지라도

〈냉정과 열정 사이〉의 OST를 듣다가 문득 마지막 장면에서의 주인공 남자의 미소가 떠올랐다. 화면 속을 몇 날 며칠 보다가 음악을 들으면서 나중에 깨달았다. '나를 저런 눈빛으로 본 사람이 있었는데' 했다. 사랑이 뚝뚝 떨어지는 눈웃음.

인생 중반을 넘기고 살아온 날들보다 살아갈 날이 더 짧은, 어느 지점에 와 있다. 그리고 젊지 않은 이 시간이 〈벤자민 버튼의 시간은 거꾸로 간다〉처럼 거꾸로 흐르기 시작했다. 7살 때의 나는 비 오는 날 처마 밑에 앉아 인생이 덧없다는 생각을 하던 계집아이였는데, 지금의 나는 오히려 점점 젊어지는 것 같다. 아들도 어느 순간 "엄마는 이혼하고 다시 아가씨로 돌아간 것 같아"라고 말했다. "뭐가 아가씨 같다는 이야기야?" 했더니 "아니, 화장대며, 옷장이며, 냉장고며, 화장실에 수건과 휴지 정리된 걸 보면 그런 생각이 들어"라고 했다.

혼자 있는 시간이 많다는 건 조금은 외로운 일이지만, 누구의 방해도 없이 오로지 나와의 시간을 즐길 수 있다는 이야기도 된다. 20년간은 정신없이 일과 가사와 육아를 해왔고, 지금은 나를 좀 더 돌아보고 나를 챙기고 있다. 이런 시간이 온 것이 사실 굉장히 기분 좋고, 아주 편하다.

아이가 성인이 됐으면 부모로서 할 일은 다 한 것으로 생각한다. 챙길 일이 몇 가지 더 있겠지만, 절대적이지는 않으니까. 그리고 아이를 독립시켰으면 엄마로서도 빵점은 아니다. 그러니 연애하고 싶으면 연애하고, 결혼하고 싶으면 결혼하고. 너무 복잡하게 생각할 일도 아니다. 하고 싶은 대로 하면 된다.

이제 경제적으로 안정되게 노후를 준비하고 싶다는 욕심 외에는 별다른 욕심이 없다. 사실 제일 신경 쓰이고 힘든 일은 돈을 버는 일이고 경제적으로 자립하는 일이지, 사람이 아니다. 또 돈을 버는 일은 타인에게 짐을 지우지 않겠다는 나의 노력이기도 하다.

돌아가신 엄마는 늘 그러셨다. 그 집 귀신이 되라고. 왜 자꾸만 살아 있는 사람한테 귀신이 되라고 하냐면서 짜증을 냈는데, 그것은 그 집 귀신 같은 건 되고 싶지 않다는 마음에서였다. 며느리 노릇만으로도 충분한데 효부까지 되는 일, 장남이니 두 분을 모시고 사는 일은 내 생애에 없는 일이었다. 내 부모도 모시다 보면 짜증 나고 싸우기 마련인데, 시부모 모시는 일까지는 내 몫이 아니라고 생각한다. 모시는 건 낳고 기른 자식들이 하는 거지, 며느리인 나는 아니었다. 제도 속에 함몰되면 내 인생이라며 사는 인생이 내 것이 아니게 되는 것 같았다. 물론 많은 사람이 결혼 생활을 유지하고, 이런 수고로움을 감내하며 산다는 것을 안다. 그냥 나는 그렇다는 이야기다. 나는 이혼하면서 남편만 버린 게 아니라 그와 관련된 모든 것을 버린 것이니까.

한번 왔다가 가는 인생이라고 생각한다. 요즘 드라마 속 주인공들은 환생하기도 하지만, 나는 신을 믿지도 않을뿐더러 앞으로도 믿지 않을 것 같은 내 이대로의 삶에 만족한다. 돌이켜보면 내 인생은 파란이고, 나는 존버였다. 삶의 정체성이 존버인 인간. 버티는 거 하나는 끝내주는 인간. 지독하게 일하고 지독하게 슬퍼하고 그러다 잠들고 다시 일어나면 아주 말짱해져서 다시 일하는 인간. 그리고 사람들을 만나면 유쾌하게 웃고 떠드는, 조금은 낙천적인 여자. 그렇다고 무지하거나 세상 돌아가는 것을 모르거나, 논리가 빈약하지 않아서, 나는 내가 좋다. 외모도 그럭저럭 봐 줄 만해서 이젠 곱게 늙어갈 일만 남은 내가 좋다. 목소리가 크지 않은 여자, 말은 많지만 시끄럽지 않은 내가 좋다. 인사이트도 갖췄다고 생각해 나는 내가 나쁘지 않다. 나는 그냥 나를 사랑하기로 한다. 이런 나를 사랑하며, 내가 좀 더 성장하는 인간이 되었으면 하는 바람이다.

때론 삶이 천국과 지옥을 오가고, 저녁에 잠들면서 아침에 눈을 뜨지 않기를 바라는 날도 있었지만, 그래도 사랑하기로 한다. 할 만큼 했고, 최선을 다해 인생을 살아온 내게 더는 가혹하게 굴지 않는다. 이젠 하고 싶은 대로 살아도 된다. 오롯이 나만을 위한 삶을 살아도 된다.

  고통을 끄집어내는 일은 쉽지 않았다. 나의 온 삶을 뒤집어 보는 일은 고통스러웠다. 언제 어떤 일이 있었고, 언제 어떻게 상처를 입었으며, 나는 그것을 어떻게 견디었나 하는 것을 다시 복기하는 일은 쉽지 않았다. 그건 스스로 메스로 내장을 찢고 소금을 뿌리는 일과 같았다. '이놈의 상처는 아물 수나 있는 건가?' 하며.
  벼랑 위에 여러 번 서보았다. 지금도 나는 위태로운 것일지도 모른다. 그러나 어딘가에 나와 같은 생각으로, 나와 같은 슬픔으로, 인생이 막막해 울며 버티고 있을 누군가가 있다는 생각이 들어 이 글을 썼다. 이혼해도 안 죽는다고, 지금이 지나면 새로운 시작과 행복이 올 것이라고, 당신은 막차를 탄 게 아니라고, 인생이 바닥으로 떨어진 것 같아도 절대 아니라고 말하고 싶었다.

  한때 죽을 것처럼 사랑했고, 목숨 바쳐 희생했고, 살기 위해 전력투구한 당신에게 이 글을 보낸다.
  당신에게만 일어난 일이 아니니 너무 자책하며 힘들어하지 말라고. 지금 힘든 당신은 진실로 사랑했기 때문에 힘든 거라고.